• 本书受国家级一流本科专业建设点—— 重庆工商大学国际经济与贸易专业资助
• 本书是重庆市教委人文社科基地重点项目（19JD040）和重庆工商大学科研启动经费项目（1955008）的最终研究成果

双重网络关系嵌入及其平衡发展对外向型企业创新绩效的影响研究

SHUANGCHONG WANGLUO GUANXI QIANRU JI QI PINGHENG FAZHAN DUI WAIXIANGXING QIYE CHUANGXIN JIXIAO DE YINGXIANG YANJIU

戴佩华◎著

西南财经大学出版社
Southwestern University of Finance & Economics Press
中国·成都

图书在版编目(CIP)数据

双重网络关系嵌入及其平衡发展对外向型企业创新绩效的影响研究/戴佩华著.—成都:西南财经大学出版社,2022.7
ISBN 978-7-5504-5428-6

Ⅰ.①双… Ⅱ.①戴… Ⅲ.①外向型企业—企业创新—企业绩效—研究—中国 Ⅳ.①F279.24

中国版本图书馆 CIP 数据核字(2022)第 117805 号

双重网络关系嵌入及其平衡发展对外向型企业创新绩效的影响研究
戴佩华 著

责任编辑:张岚
责任校对:廖韧
封面设计:何东琳设计工作室
责任印制:朱曼丽

出版发行	西南财经大学出版社(四川省成都市光华村街 55 号)
网　　址	http://cbs.swufe.edu.cn
电子邮件	bookcj@swufe.edu.cn
邮政编码	610074
电　　话	028-87353785
照　　排	四川胜翔数码印务设计有限公司
印　　刷	四川煤田地质制图印刷厂
成品尺寸	170mm×240mm
印　　张	10.5
字　　数	194 千字
版　　次	2022 年 7 月第 1 版
印　　次	2022 年 7 月第 1 次印刷
书　　号	ISBN 978-7-5504-5428-6
定　　价	58.00 元

前　言

企业要创新，必须获取创新资源，而创新资源主要来自企业所处的外部网络。与普通企业相比，外向型企业在国内制造、国外销售，在嵌入海外网络方面具有天然优势，呈现出海外网络嵌入性和本土网络嵌入性的双重特征。对于外向型企业的创新活动而言，两种网络嵌入各有利弊，且二者之间存在较为复杂的匹配关系。因此如何尽可能地发挥双重网络嵌入的优势、避免其劣势，如何合理地利用双重网络以提高自身的创新能力，成为外向型企业必须直面并亟待解决的问题。

为了深入研究双重网络关系嵌入对创新绩效的影响及影响机理，为外向型企业合理利用双重网络提供解决方案，本书在研究过程中采取了如下步骤：

第一步，文献综述。本书梳理和归纳了网络嵌入理论、组织二元理论、资源整合能力理论和企业创新理论，分析了双重网络关系嵌入、资源整合能力、创新绩效等关键变量的要素构成，为分析框架的构建提供了理论支撑。

第二步，探索性案例研究。本书通过对4家典型外向型企业的探索性案例研究，初步建立了双重网络关系嵌入通过资源整合能力影响企业创新绩效的研究思路和初步假设。

第三步，模型构建。本书基于相关理论和探索性案例研究，以外向型企业为研究对象，构建了“双重网络关系嵌入及其平衡—资源整合能力—创新绩效”概念模型，并在此基础上引入企业规模和外部竞争程度两个情境因素，构建了不同情境下“双重网络关系嵌入平衡模式—创新绩效”模型。

第四步，实证研究。本书获取了重庆市272家外向型企业的有效数据，采用相关分析、回归分析等方法对上述两个模型和相关假设进行验证和探讨。

基于上述研究步骤，本书主要研究了以下内容：

1. 外向型企业双重网络关系嵌入及其平衡对创新绩效的影响及影响机理

本书以外向型企业为研究对象，从资源整合角度构建了“双重网络关系嵌入及其平衡—资源整合能力—创新绩效”模型，深入探讨了双重网络关系嵌入及其平衡发展对创新绩效的影响机理，并比较了双重网络关系嵌入和双重网络关系嵌入平衡发展对创新绩效的不同影响。

研究结果表明，外向型企业双重网络关系嵌入及其平衡发展对创新绩效都具有显著的正向影响，并且资源整合能力（资源识取能力和资源配用能力）在上述关系中起到了中介作用。这一研究成果在一定程度上拓展了企业双重网络嵌入对创新绩效影响机理的研究范围，揭开了双重网络关系嵌入和创新绩效之间的“黑箱”，为网络关系嵌入如何影响企业决策绩效提供了一种新的解释。

研究结果还表明，双重网络关系嵌入平衡发展对企业创新绩效的正向影响显著大于双重网络关系嵌入。这一研究结论证实了两种网络关系嵌入的确对企业创新绩效各有利弊，过分偏重某一网络会造成一定的结构性风险，最好的办法是双重网络关系嵌入实现平衡发展。这一研究结论一方面对组织二元理论和网络嵌入理论进行了一定补充，另一方面也为后续进一步研究网络关系嵌入平衡模式对创新绩效的影响做了铺垫。

2. 不同情境因素下外向型企业双重网络关系嵌入平衡模式与创新绩效的关系

本书在外向型企业双重网络关系嵌入平衡发展能显著正向影响创新绩效的结论基础上，又进一步构建了外向型企业“双重网络关系嵌入平衡模式—创新绩效”的概念模型。目前关于二元平衡的实现机制和模式，学术界存在“同时平衡模式”和“间断平衡模式”两种观点。本书把两种模式都纳入研究范围，引入企业内部因素（企业规模）和企业外部因素（市场竞争程度）作为情境变量，分别探讨不同情境下适合企业发展的双重网络关系嵌入平衡模式。

（1）不同企业规模下外向型企业双重网络关系嵌入平衡模式与创新绩效的关系

本书按一定标准将样本企业划分为较大规模企业和较小规模企业，分别探讨了不同企业规模下双重网络关系嵌入的同时平衡模式和间断平衡模式与企业创新绩效的关系。

研究结果表明，当企业规模较小、资源有限时，本土网络和海外网络的关系嵌入对外向型企业创新绩效的影响具有替代效应，采用间断平衡模式能有效提高企业的创新绩效，采用同时平衡模式则不能提高企业的创新绩效。当企业规模较大、资源丰裕时，本土网络和海外网络的关系嵌入对外向型企业创新绩效的影响具有互补效应，采用同时平衡模式能有效提高企业的创新绩效，采用间断平衡模式则不能提高企业的创新绩效。

（2）不同市场竞争程度下外向型企业双重网络关系嵌入平衡模式与创新绩效的关系

本书根据企业外部市场竞争状况，将样本企业划分为市场竞争程度较激烈的企业和市场竞争程度较缓和的企业，分别探讨了不同市场竞争程度下双重网络关系嵌入的同时平衡模式和间断平衡模式与企业创新绩效的关系。

研究结果表明，当市场竞争较激烈时，本土网络和海外网络的关系嵌入对外向型企业创新绩效的影响具有替代效应，采用间断平衡模式能有效提高企业的创新绩效，采用同时平衡模式则不能提高企业的创新绩效。当市场竞争较缓和时，本土网络和海外网络的关系嵌入对外向型企业创新绩效的影响具有互补效应，采用同时平衡模式能有效提高企业的创新绩效，采用间断平衡模式则不能提高企业的创新绩效。

以上研究结果进一步拓展了组织二元理论在企业网络中的运用深度，也丰富了企业“网络嵌入平衡模式—创新绩效”的相关研究。

戴佩华

2021 年 10 月

目　录

1 绪论

1.1 研究背景与问题提出

重庆虽然是我国六大老工业基地之一，是国家重要的现代制造业基地，但由于地处西部内陆地区，过去外向型经济的发展一直是其短板。2010 年以前，重庆的对外贸易出口额增长缓慢且出口产品单一，摩托车出口额几乎占据全市出口总额的 1/3。直到 2008—2009 年，随着惠普、富士康、英业达等 IT 巨头以及一大批配套企业的入驻，重庆建立了笔记本电脑出口制造基地，重庆的出口额才开始大幅度增长，外向型经济的发展正式步入快车道。迄今为止，重庆已形成了全球最大的电子信息产业集群，是全球最大的笔记本电脑生产基地和全球第二大手机生产基地。① 2019 年重庆生产笔记本电脑 6 422.3 万台，产量约占全球 40%，手机 1.74 亿台，约占全球 1/10。② 作为国内最大的汽车产业集群和摩托车产业集群，传统汽摩产业在重庆的出口贸易中仍占有重要的份额。

然而，随着国际分工的调整和国际市场的变化，重庆的外向型制造企业在高速发展过程中也面临着“价值链低端锁定”“产业高端流出、低端流入”“局限于价值链中间制造环节”等诸多问题。例如重庆的摩托车产业，虽然产品在国际市场上具有一定地位和影响力，但与欧美、日本的摩托车产业相比，仍处于全球价值链的低端。大部分摩托车企业都分布在价值链的相同环节，定位于中低端市场，定位趋同和同质化竞争问题较为突出。重庆 IT 产业中多是

① 资料来源：2020 年中国第 4 城，重庆很可能超过广州，https:// /xw.qq.com/cmsid/20200307A0N05F00。

② 资料来源：携手并进 川渝剑指世界级电子信息产业集群，https://baijiahao.baidu.com/s?id=1681854567631242492。

配套企业，主要从事风险较小、技术门槛较低的生产制造环节，很少涉及自主品牌的研发、设计和营销等高利润环节，通常只能依靠规模效应赚取少量报酬。深究这些问题的根源，外向型制造企业缺乏创新能力是关键，而创新能力的缺乏又主要源于企业自身的创新系统不完善，从外部获取新知识、信息和资讯的手段和效果欠佳（康健，2015）。

企业要创新，必须获取创新资源，而创新资源主要源于企业所处的网络（魏江，2003；Batt，2008），因而构建战略网络是企业创新升级的关键。与普通国内企业相比，外向型企业在嵌入海外网络方面具有天然优势，呈现出海外网络嵌入性和本土网络嵌入性的双重特征（Andersson & Forsgren，1996）。在本土网络中，由于文化背景相似、地理距离邻近，各经营主体之间具有强连接的特征，频繁的交流沟通和广泛存在的非正式联系、人员流动、协议同盟等有效促进了同质性知识信息在企业间的流动和分享（Lissoni，2001），使外向型企业能以较低成本分享知识溢出和集体学习的益处（Capello，1999），提升其本地化创新能力（Whittington et al.，2009）。外向型企业直接面向国际市场，积极参与国际分工，必然嵌入海外网络。海外网络中汇集了众多不同国家、不同行业的经营主体，蕴含着比本土网络更丰富的异质性信息（Granovtter，1983；Kraatz，1998）。海外网络中各主体之间由于相距遥远而呈现出弱连接的特征，但偶发的关系特征对网络内企业获取超越行业现有技术的异质性信息具有很大作用（Zaheer et al.，2013），有助于激发外向型企业的创新思维。Saxenian（1994）就指出，进行本土网络和外部创新区域的互动是企业快速发展的重要原因。例如，硅谷企业的成功有赖于其强大的地理区域网络，但它们与东南亚地区的供应商和制造商之间的联系同样是其成功的关键因素（McKendrick，Doner，Haggard，2000）。

虽然大多数研究都肯定了外向型企业本土网络和海外网络嵌入对创新绩效的提升作用，但同样也有研究认为两种网络嵌入对企业创新均存在一定的负面影响。如果过度嵌入内部网络，外向型企业会面临信息高度重叠和同质化的问题（Darr & Kurtzberg，2000），地理邻近性也容易导致外向型企业局限于本地资源，产生创新路径依赖、创新能力刚性等问题（Funk，2014）；如果过度依赖海外网络，外向型企业则需要承担高昂的国际化成本（Zahra，et al.，2000；Kafouros & Forsans，2012），搜索到的知识过多也可能难以将其融入企业的知识库，模糊企业关注的重点（Garriga et al.，2013；刘霞等，2019）。可见，两种网络嵌入对于外向型企业的创新活动而言都是双刃剑，且二者之间存在较为复杂的匹配关系（Hervas-oliver & Albors-garrigos，2008）。因此，如何尽可能地发挥双重网络的优势，避免其劣势，如何合理地利用双重网络以提高自身的创新能力，成为外向型企业必须直面并亟待解决的问题。

有学者将组织二元理论（March，1991）引入网络嵌入研究，认为企业应当平衡地嵌入双重网络，才能最有效地提高企业创新绩效。平衡嵌入双重网络，一方面可以使企业同时利用两种网络获取同质性知识和异质性知识，有利于形成两类知识的协同互补效应；另一方面又可以避免企业陷入偏重一种而忽视另一种网络可能导致的企业创新的结构性风险，从而确保企业创新绩效的持续提升和改善（吴航，陈劲，2016；彭伟 等，2017）。这种观点在一定程度上给外向型企业指明了解决问题的方向，也因此成为企业双重网络研究的新议题。但目前此类研究数量较少，研究内容也比较局限，深度和广度都有待加强。具体表现为：

第一，放大了双重网络平衡嵌入的互补效应，忽略了二者的竞争效应。

此类研究普遍认为双重网络平衡嵌入能发挥二者的协同效应，正向影响企业的创新绩效；却忽视了本土网络和海外网络会不可避免地相互竞争企业内部资源（Raisch & Birkinshaw，2008；彭伟 等，2017）。在企业资源有限的情况下，嵌入双重网络对资源的竞争效应极有可能超过二者的互补效应，对企业创新绩效产生负面影响。在研究过程中如果完全忽略双重网络嵌入所产生的竞争效应，可能致使研究结果不够完善，或有失偏颇。

第二，没有在特定情境下探讨有利于企业创新的双重网络关系嵌入平衡发展模式。

此类研究仅限于从整体上分析双重网络嵌入平衡发展对企业创新的影响，没有进一步探究不同平衡模式对企业创新的影响。组织二元理论根据策略执行的时间不同，把平衡模式分为“同时性平衡”和“间断性平衡”（袁健红、龚天宇，2011）。虽然从长期来看，外向型企业很可能实现本土网络和海外网络嵌入的双重平衡发展；但从短期来看，很可能出现某些企业采用同时性平衡模式、某些企业采用间断性平衡模式的状况。而究竟采用哪种平衡模式对企业创新最有利，会受到企业自身因素和外部因素的影响，因而引入特定的情境因素进行分类讨论非常必要。如果没有在特定环境下探讨有利于企业创新的双重网络嵌入平衡模式，可能致使研究结果笼统含糊，且针对性不强。

第三，双重网络关系嵌入对企业创新绩效的影响机理研究比较片面和单一。

学者们从不同角度探究了两种网络关系嵌入与企业创新之间的“黑箱”，经过实证分析的中介变量有动态能力（康健，2015；王核成 等，2016）、知识整合（Collins & Hitt，2006；魏江，徐蕾，2014）、知识搜索质量和搜索速度（洪茹燕，2012）等。这些变量都一定程度地揭示了网络嵌入对企业创新的影响机理，但在解释外向型企业双重网络关系嵌入与企业创新绩效之间的因果关联机制上还显得比较片面和单一。从嵌入网络到创新绩效提升的过程中，既会涉及企业的资源识别、获取能力，又会涉及企业的资源配置、利用能力，而资源整合能力这一重要的多维度中介变量并未得到充分重视。

针对以上问题，本书将基于网络嵌入理论、组织二元理论、资源整合能力理论和企业创新理论，以重庆外向型制造企业为样本，以重要的网络嵌入指标——关系嵌入为切入点，首先构建“双重网络关系嵌入及其平衡—资源整合能力—创新绩效”的模型，探讨本土网络和海外网络关系嵌入以及二者的平衡关系对外向型企业创新绩效的影响及其机理；其次，引入企业规模和市场竞争程度两个情境因素，在细分双重网络关系嵌入平衡模式的基础上，分别讨论不同规模的企业、处于不同市场竞争环境的企业在双重网络关系嵌入平衡的实现方式上是否存在差异，以及不同平衡模式对企业创新绩效的影响。其研究结果将为外向型企业如何合理选择双重网络关系嵌入，以及如何根据不同情境选择有利于提高创新绩效的双重网络关系嵌入平衡模式提供一定的指导和借鉴。

1.2 研究意义

1.2.1 理论意义

1.2.1.1 深化了组织二元理论在企业网络中的运用

在前人将组织二元理论引入网络研究的基础上，深入探讨了外向型企业双重网络关系嵌入平衡发展及不同平衡模式对企业创新绩效的影响。

（1）把双重网络关系嵌入的互补效应和竞争效应都纳入了研究范畴

外向型企业本土网络和海外网络的学习导向和偏好不同，不可避免地会相互竞争企业内部资源。本书基于组织二元理论，在研究过程中把双重网络关系嵌入对创新绩效的互补效应以及二者争夺企业资源对创新绩效产生的竞争效应都纳入了研究范畴。当企业规模较大或外部竞争较为缓和时，双重网络关系嵌入不会因为资源约束产生竞争效应，而会更多地表现为互补效应。当企业规模较小或外部竞争较为激烈时，双重网络关系嵌入对资源的竞争效应会超过二者的互补效应，极可能会对企业创新绩效造成负面影响。本书对不同资源约束下的双重网络关系嵌入与创新绩效分别进行了分析和验证。

本书正视了外向型企业双重网络嵌入对有限资源的争夺性，比前人只重视双重网络关系嵌入的互补效应更加全面、深入，有利于完善企业社会网络的相关研究。

（2）导入情境因素研究双重网络关系嵌入不同平衡模式对创新绩效的影响

从长期来看，外向型企业通常都可以实现本土和海外双重网络嵌入的双元平衡发展；但从短期来看，由于内部资源和外部环境的约束，则很可能出现某些企业采用“同时平衡模式”、某些企业采用“间断平衡模式”的状况。鉴于此，本书一方面从较长时期整体考察外向型企业双重网络关系嵌入平衡对企业创新绩效的影响，另一方面则从短期考察不同平衡模式对外向型企业创新绩效的影响。在短期考察时，本书选取会直接影响双重网络平衡模式的情境因素——企业规模和市场竞争程度，分别研究不同情境下企业双重网络关系嵌入平衡在实现方式上是否存在差异，以及“同时平衡模式”和“间断平衡模式”对企业创新绩效的不同影响。

这一研究进一步拓展了组织二元理论在企业网络中的运用深度，也丰富了企业“网络嵌入—创新绩效”情境因素的研究。

1.2.1.2 拓展了双重网络关系嵌入对企业创新绩效影响机理的研究

本书基于资源整合能力理论，以重要的网络嵌入指标——关系嵌入为切入点，构建“双重网络关系嵌入及其平衡—资源整合能力—创新绩效”的模型，探讨外向型企业本土和海外网络关系嵌入以及二者的平衡关系对企业创新绩效的影响及其机理。利用网络关系嵌入，可以有效获得外部知识资源和信息资源，但要将这些资源转变为企业的创新绩效，企业必须对资源进行有效整合。企业能否对知识资源进行有效整合是企业能否在竞争激烈的市场中获胜的关键（Eisenhardt & Martin，2000）。可见，资源整合能力是双重网络关系嵌入和企业创新绩效之间的一个非常重要、值得深入探讨的中间变量。

这一研究有助于从资源整合的角度揭开双重网络关系嵌入和创新绩效之间的“黑箱”，拓展网络关系嵌入对创新绩效影响机理的研究，为网络关系嵌入“如何”影响企业决策绩效提供了一种新的解释。

1.2.2 实践意义

在外部环境迅速变化、内部资源相对有限的情况下，企业创新普遍由“线性范式”转向“网络范式”（Escirbano，et al.，2009），网络成为企业获取知识和创新资源的重要通道（Batt，2008；Fu & Zhang，2012）。由于制造在国内，销售在国外，外向型企业具有海外网络嵌入性和本土网络嵌入性的双重特征，因而每一个外向型企业都面临着如何合理选择网络嵌入以提高自身创新绩效的问题。

全球产销量最大的微波炉生产商——格兰仕在成立之初由于既没有资金优势，也没有品牌、技术优势，只能凭借廉价劳动力为国外厂商做代工。但格兰仕没有满足于简单地给国外厂商做代工，而是谋求与国外厂商更高层次的合作，不断说服国外厂商把先进的生产线整体搬到顺德，于 1992 年引入了东芝公司的生产线和技术，1996 年引进了全球范围内最先进的微波炉生产设备和技术。在和国外厂商合作的过程中，格兰仕合理利用海外网络的优势，不仅获得了最新的设备，还学习到了先进的生产、管理经验。

随后，格兰仕凭借其强大的成本优势和技术优势，开始深耕国内市场。在合理布局销售网络后，格兰仕迅速成为微波炉行业的领导者。之后它频频在全国范围内打响价格战，产品平均降价幅度高达 40%，力压其他品牌，市场占有率超过 50%，一举成为我国微波炉市场上的霸主，被国家统计局授予“中国微波炉第一品牌”的称号。

发展壮大后的格兰仕，为了保持技术的领先优势，特别注重与国内外科研机构的合作。格兰仕先后在美国、韩国、中国香港、中国中山和中国顺德建立了 5 个研发中心，与北京航空航天大学先进技术南方产业基地建立产学研战略合作关系，组建了格兰仕—北航可靠性工程中心、北航—格兰仕新材料工程中心。海外和本地科技网络的培育和发展，为格兰仕全白电产业提供了可持续发展的技术支撑。格兰仕先后获得各种国内外专利近 2 000 项，并通过了欧美多个发达国家的质量认证。2007 年，格兰仕提出由世界工厂向世界品牌迈进，在韩国、美国、法国、英国等地设立商务分支机构，在全球 170 多个国家和地区拥有上万个分销网点，与世界范围内 200 多个跨国公司进行经贸合作，成功构建了自己的全球制造网络。

从格兰仕嵌入海外网络—国内网络—海外网络、国内网络并举的发展实践中可以看出：第一，外向型企业的发展离不开海外网络和本土网络的嵌入，不同网络中蕴含的差异化信息、知识资源都有利于企业的创新活动；第二，企业自身的发展状况、资源约束以及外部的环境变化都会影响企业对网络嵌入的选择。

格兰仕经过 20 多年的摸索，才逐步寻找到适合自己的网络嵌入模式，极大地提升了自身的创新能力。实际上，每个外向型企业都面临着如何尽可能地发挥本土和海外双重网络的优势、避免其劣势，如何根据自身发展状况合理选择双重网络的问题。本书旨在为处于不同发展阶段的外向型企业提供双重网络嵌入的合理解决方案。

本书深入分析双重网络关系嵌入以及二者的平衡关系对外向型企业创新绩效的影响及影响机理，并引入企业规模和市场竞争程度两个情境因素，分别讨论不同情境下双重网络关系嵌入的不同平衡模式对企业创新绩效的影响。本书结果将为外向型企业如何合理选择双重网络关系嵌入以及如何根据不同情境选择有利于提高企业创新绩效的双重网络关系嵌入平衡模式提供一定的指导和借鉴。

1.3 研究目标和内容

1.3.1 研究目标

本书的研究目标是在梳理、分析网络嵌入理论、组织二元理论、资源整合能力理论和企业创新理论的基础上，构建“双重网络关系嵌入及其平衡—资源整合能力—创新绩效”模型，探讨双重网络关系嵌入以及二者的平衡关系对外向型企业创新绩效的影响及其机理；并引入企业规模和外部竞争程度两个情境因素，分别讨论不同情境下双重网络关系嵌入平衡在实现方式上是否存在差异，以及不同平衡模式对企业创新绩效的影响。从而在理论上拓展和丰富社会网络嵌入和创新绩效的研究，在实践上为外向型企业合理利用社会网络提供一定的借鉴。

1.3.2 研究内容

本书从理论研究入手，构建概念模型并提出各变量之间的关系假设，再通过实证分析方法对概念模型和各个假设进行验证。

1.3.2.1 理论研究：概念模型的构建与假设提出

本书首先对网络嵌入理论、组织二元理论、资源整合能力理论、企业创新理论及相关文献进行了充分的回顾、梳理和评价，掌握了相关研究的最新动态，并拥有较为扎实的理论基础。在理论回顾的基础上，本书梳理了研究中各个变量之间的关系，并构建了“双重网络关系嵌入及其平衡—资源整合能力—创新绩效”的概念模型。在该概念模型中，主要研究：

（1）双重网络关系嵌入及其平衡对外向型企业创新绩效的影响及影响机理

本土网络和海外网络都蕴含的丰富行业知识和讯息，势必影响外向型企业的创新活动。在这个影响的传导过程中，企业对资源进行识别、获取、配置和利用的能力将发挥重要作用。因此，本书构建了以资源整合能力为中介变量的“双重网络关系嵌入及其平衡—企业创新绩效”模型。

本书一方面将探究资源整合能力在外向型企业双重网络关系嵌入和企业创新绩效之间的中介效应，另一方面也将对比分析双重网络关系嵌入和双重网络关系嵌入平衡发展对企业创新绩效的影响，为后续双重网络关系嵌入平衡模式的分析做铺垫。

（2）情境因素下双重网络关系嵌入平衡模式与创新绩效的关系

从长期来看，外向型企业通常都可以实现本土网络、海外网络嵌入的双重平衡发展；但从短期看，由于内部资源和外部环境的约束，则很可能出现某些企业采用“同时平衡模式”、某些企业采用“间断平衡模式”的状况。因此必须引入一定的情境因素，具体讨论不同情况下最有利于提高企业创新绩效的平衡模式。

本书选取会直接影响双重网络平衡模式的情境因素——企业规模和市场竞争程度，分别研究不同特定情境下企业双重网络关系嵌入平衡的实现方式，以及“同时平衡模式”和“间断平衡模式”对企业创新绩效的不同影响。

1.3.2.2　实证研究：假设验证

（1）量表的编制

本书在参考国内外学者成熟量表的基础上，结合我国外向型企业的特点，为研究中涉及的各个变量编制相关的量表。

（2）问卷的发放

本书以重庆外向型企业为调查对象，主要采取三种途径发放调查问卷：一是通过重庆各大工业园区的管委会发放给辖区内外向型企业的中高层管理人员；二是借助重庆三所高校的 MBA 教育中心学员的人脉关系发放给外向型企业的中高层管理人员；三是采用付费方式让专业咨询公司发放给外向型制造企业的高层管理者。

（3）数据分析

本书主要使用 SPSS19.0 数据统计软件检验量表的信度和效度，并通过相关分析、回归分析等方法对假设进行检验。

1.4　研究方法

本书依据定性分析和定量分析相结合、案例研究和问卷调查并重的方式对整个议题展开研究，具体运用了以下研究方法：

1.4.1 文献分析法

本书对网络嵌入理论、组织二元理论、资源整合能力理论、企业创新理论以及大量相关研究文献进行了归纳和整理。针对研究主题涉及的核心变量，从概念、划分维度、影响因素到作用效应等各个方面进行了深入系统的梳理。通过回顾总结前人的相关研究，一方面掌握了相关研究领域的最新动态，明确了相关研究领域已形成的研究基础和尚待解决的问题；另一方面也积累了值得借鉴的研究经验和研究方法。这些都为本书的开展奠定了坚实的理论基础。

1.4.2 问卷调查法

问卷调查法是采用量表方式对被访者进行态度测量，通过定量化的测定方法实现概念构思的操作。本书在参考现有研究成果的基础上，结合本次调查目的，对调查问卷进行拟定和优化；然后通过抽样调查对数据进行信度和效度检验；并依靠调查数据完成对理论假设的检验。在实证研究中，本书所需测量变量均采用大样本问卷调查获取数据，包括：外向型企业本土网络关系嵌入、海外网络关系嵌入、资源整合能力（资源的识别、获取、配置、利用等能力）、企业规模、市场竞争程度、企业创新绩效等。

1.4.3 案例研究法

案例研究是认识客观世界的必要环节，是处理复杂问题的有力工具，可以弥补统计数据的不足（成思危，2001）。案例研究法是对现实中某一种复杂和具体的现象进行深入和全面的实地考察，是一种经验性的研究方法，对提炼概念的内涵、构成维度、前导因素和作用机制等非常有用。本书将以重庆市 4 个外向型企业为例，经过理论假设、多方面采集案例数据等步骤，初步构建出外向型企业双重网络关系嵌入、资源整合能力和创新绩效之间的关联机制。

1.4.4 统计分析

最常用的数据处理方法是统计分析。本书拟采用 SPSS19.0 软件对实验或者调查获得的研究数据进行数据处理和分析，包括描述性统计、量表的信度分析、变量的相关分析，并利用层级回归分析技术检验中介变量的中介效应和调节变量的调节效应。

1.5 全书结构

本书全篇共分为7个部分，每部分的具体内容如下：

第1部分为绪论。首先分析了本书的研究背景，并在此基础上提出了本书拟研究的问题，即双重网络对外向型企业创新绩效的影响；其次阐述了本书对组织二元理论、网络嵌入理论、创新理论的贡献和对外向型企业嵌入社会网络实践的意义；最后对本书的研究目标、研究思路、研究内容以及研究方法等进行了初步介绍。

第2部分为基本理论与文献综述。本书系统地回顾了网络嵌入理论、组织二元理论、资源整合能力理论、企业创新理论及相关文献，一方面有利于掌握相关研究领域的最新动态，明确相关研究领域已形成的研究基础和尚待解决的问题；另一方面也积累了值得借鉴的研究经验和研究方法。本书还对本书涉及的核心变量从概念、划分维度、影响因素到作用效应等各个方面都进行了仔细的梳理。这都为本书的开展奠定了坚实的理论基础。

第3部分为探索性案例研究。本书在已有理论基础上，选取重庆市4家典型的外向型企业，在梳理、对比、分析它们网络嵌入实际情况的基础上，提出外向型企业双重网络关系嵌入通过资源整合能力影响创新绩效的初始假设命题和模型。

第4部分为假设提出和模型构建。本书将探索性案例的研究结果与现有理论相结合，构建了具有逻辑顺序的两个概念模型。第一个模型为“双重网络关系嵌入及其平衡—资源整合能力—创新绩效”模型，主要探讨了在较长时期内，双重关系嵌入以及二者平衡嵌入对外向型企业创新绩效的影响过程，并提出相关假设。在分析外向型企业双重网络关系嵌入平衡发展影响的基础上，本书构建起第二个模型，即情境因素下的“双重网络关系嵌入平衡模式—创新绩效”模型，主要探讨在短时期内和不同情境因素下外向型企业双重网络关系嵌入的不同平衡模式和创新绩效之间的关系，并提出相关假设。

第5部分为实证研究方法。本章主要介绍了本书所采取的实证研究方法，包括设计的调查问卷，对外向型企业双重网络关系嵌入、资源整合能力、创新绩效、市场竞争程度等变量进行测度的量表，数据发放和搜集的方法和途径，以及对问卷调查可能导致的共同方法偏差进行的相关检验。

第6部分为实证研究。本章依据调查问卷获取的数据，采用相关分析、回归分析等方法检验了双重网络关系嵌入与资源整合能力，双重网络关系嵌入平衡发展与资源整合能力，资源整合能力与创新绩效，以及不同企业规模、不同市场竞争程度下“双重网络关系嵌入同时平衡模式—创新绩效”“双重网络关系嵌入间断平衡模式—创新绩效”的假设关系，并验证了两个概念模型。

第 7 部分为综合讨论与展望。本章首先对本书的主要结论进行了总结和分析；其次简要阐述了主要结论对组织二元平衡、网络嵌入等理论的贡献，并为外向型企业如何合理嵌入双重网络提供了一定的建议；最后，在分析本书内容不足的基础上，提出了对未来研究的展望。

1.6 技术路线

本书的技术路线如图 1-1 所示。

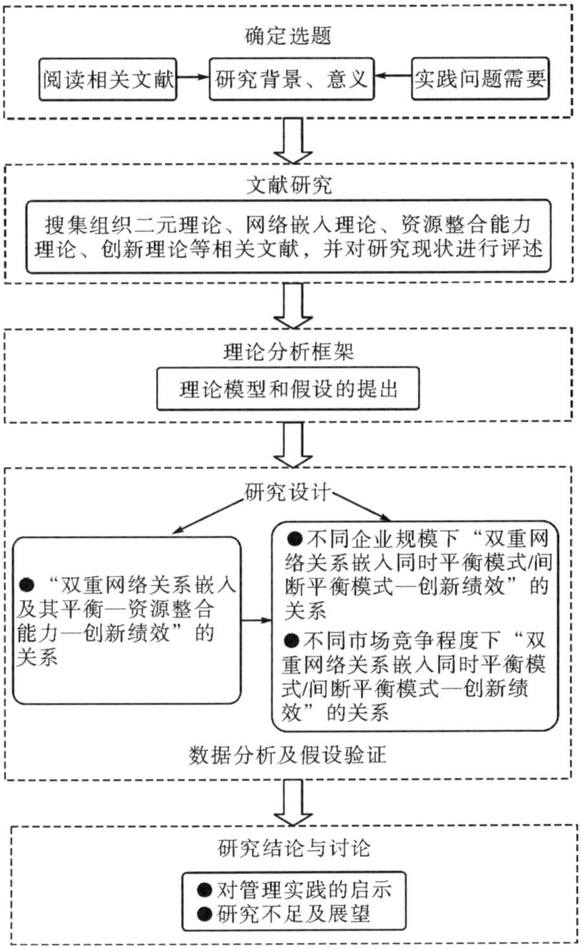

图 1-1　本书的技术路线

1.7 本章小结

本章是绪论部分，主要分析了本书的研究背景并在此基础上提出了本书的研究主题，阐述了本书对组织二元理论、网络嵌入等理论的贡献和外向型企业社会网络嵌入实践的意义，介绍了本书的研究目标、研究思路、研究内容、研究方法以及全文的结构安排和技术路线等。

2 基本理论与文献综述

本书以网络关系嵌入为切入点，以外向型企业为研究对象，拟对双重网络关系嵌入及其平衡对外向型企业创新绩效的影响机制进行探讨。根据研究框架的初步设想，本书主要对组织二元理论、网络嵌入理论、资源整合能力理论和企业创新等相关文献进行了全面回顾。对组织二元理论的梳理主要集中在二元平衡的研究背景、概念、分类、测量和对创新绩效的影响等内容上，对网络嵌入理论的梳理主要集中在网络嵌入的分类、特点、测量和对创新绩效的影响等内容上，对资源整合能力理论的梳理主要集中在资源能力的分类、概念、测量和对创新绩效的影响等内容上。通过梳理和分析相关文献，本书明确了主要的研究要点，并提出了尚待解决的问题。

2.1 组织二元理论的研究现状

“二元”（Ambidexterity），指的是可以同时从事两件不同事情的能力。组织二元理论主要研究的是一个企业必须同时具备“探索”新技术、新市场、新机会的能力和“利用”现有知识获取市场地位的能力，才能在市场中更长久地生存。二元理论以其新颖的内容和独特的视角在国内外学术界备受关注，已逐渐成为管理学的一种主流研究范式。

2.1.1 组织二元理论的提出

2.1.1.1 组织二元理论的起源

二元理论的直接起源是组织进化理论。组织进化理论认为，组织就像一个有机生命体，在发展过程中必须适应外部环境的渐进式变化和突变式变化，而要适应这两种变化需要组织做出不同的应对。由此，Duncan（1976）首次提出了“二元性组织”的概念，认为组织要很好地应对两种环境变化，必须同时具备探索性创新能力和利用性创新能力；而要具备这两种能力，组织需要构建二元组织结构，需要一些部门专门从事利用性创新，另一些部门专门从事探索性创新，且这些部门最好能互不干扰。

这一理论在相当长的一段时间内并没有受到太多的关注，直到 March（1991）在《组织科学》上发表了《组织学习中的探索与利用》一文，提出了利用性学习和探索性学习的概念，该理论才真正重新焕发了活力，引起学者们的广泛关注。之后，学者们开始把组织二元理论和战略理论、学习理论以及动态能力理论等结合在一起，把组织二元理论推向了新的研究阶段。

2.1.1.2　二元性概念

随着二元性理论的逐步发展，二元性的内涵也在发生微妙的变化，从最初的结构型二元逐步拓展到学习型二元和能力型二元。目前关于二元性概念的表述超过了 30 多种，本书总结了 3 种主流的二元性概念。

（1）结构型二元概念

结构型二元是最早形成的概念，主要基于组织进化理论。如前所述，组织要适应外部环境的渐进式变化和突变式变化，必须在企业形态上进行调整，形成一种既能适应环境缓慢变化又能适应环境剧烈变化的组织结构，这就是组织二元性结构。Tushman 和 O'Reilly（1996）认为，二元性结构表现为组织中的一些部门专门从事开发利用工作，其特点是规模大而集中，流程较为紧凑，文化相对保守；另一些部门则专门从事探索和实验活动，其特点是规模小而分散，具有相对松散的流程和自有的文化。这两类部门应该具有高度差异化且彼此联系是松散或分离的（Benner & Tushman，2003）。

（2）学习型二元概念

March 从组织学习视角讨论双元问题，提出了利用性学习和探索性学习的组织二元概念。利用性学习包括稳步改善组织运营、提升执行效率等活动，强调对现有知识的开发利用；而探索性学习则包括开拓新的业务和研发新的技术、提升组织柔性、不断进行实验和创新等活动，强调探索新知识和主动实施变革。利用性学习能在短期内提升组织绩效，但从长期看，如果只重视利用性学习而忽视探索性学习，则可能给组织带来严重不良后果。因而探索性学习和利用性学习对于企业发展而言都是同等重要的。

（3）能力型二元概念

以上两种概念都是聚焦于组织内部安排，但能力型二元概念的提出是基于组织外部视角的。Simsek（2009）认为，能力型二元概念强调的不是过程，而是结果；不是组织的结构，而是组织的功能。

March（1991）认为企业的发展过程是一个自身不断进化的过程，企业要在复杂的市场中长久地生存，必须具备两种能力：一是通过不断地开发利用现有知识等资源获取利润和市场地位；二是通过探索新技术、新市场和新机会，为企业的未来发展提供条件。Benner 和 Tushman（2003）也认为组织只有同时具有“利用”和“探索”的能力，才能长期保持竞争力。后来这种基于能力观的二元性概念现在被广泛应用于战略联盟、新产品开发、市场营销、科技创新等多个领域（Lavie & Rosenkopf, 2006；凌鸿 等，2010）。

以上对二元性概念的表述虽然来自不同的视角，但二元性的核心内容是清晰可见的，那就是“利用”和“探索”。组织二元理论的研究都是围绕“利用”和“探索”两类活动展开的。

2.1.2 探索和利用

2.1.2.1 探索和利用的概念

从二元性概念可以看出，组织的探索性活动和利用性活动存在不同的划分角度，因此学者对二者的内涵理解并不完全统一。本书通过梳理二元理论的相关文献，从多个方面对探索性活动和利用性活动的内涵和外延进行了对比，如表 2-1 所示。

表 2-1 探索性活动与利用性活动的概念对比

划分角度	探索性活动	利用性活动	代表人物
活动意图	追求创新，创造新兴市场和客户需求	追求效率，满足现有客户和市场需求	Jansen 等（2005）
活动结果	产生新产品、新服务、新技术和新营销渠道等	改善和提高已有产品、服务、技术和流程	Benner 和 Tushman（2002，2003）
知识基础	全新知识或从已有知识提炼升华的新知识	现有知识或技能的发展	March（1991）
活动特点	搜寻、变革、试验和风险承担	精炼、选择、效率和执行	March（1991）
资源获取	创造新的资源	对现有资源进行改进和完善	Lumpkin 和 Dess（2001）
组织结构特点	高复杂度、低规范、有机结构、高度分权	低复杂度、高规范、机械结构、低度分权	Duncan（1976）、Tushman 和 O'Reilly（1996）
组织目标	长期绩效	短期绩效	Ahuj 和 Katila(2001)

资料来源：作者根据相关文献整理。

2.1.2.2 探索和利用的关系

从探索和利用的概念可以看出，这两种活动不论是从过程视角还是结果视角都存在着明显的区别。有的学者认为两种活动在时间上存在对立，在组织资源上存在竞争，是不能共存的（Janse et al., 2006; Benner & Tushiman, 2002）；但有的学者认为两种活动可以互相补充、互相促进，对资源的竞争也能够随着自身和外部环境的变化而有所缓解，是能够共生的（Namara & Baden-Fuller, 2007）。本书分别就这两种截然不同的观点进行梳理和整理。

（1）互斥关系

一些学者认为从过程视角看，探索性活动和利用性活动是企业发展过程中两个阶段的活动。探索性活动是企业探索新产品、新技术和新市场的过程，是企业寻找机会的开端；而利用性活动则是企业对探索性活动的成果进行验证、深度开发和实施的过程（Cheng et al., 1996）。因此，学者们认为探索性活动和创新性活动是企业一个连续活动的前端和后端阶段，企业不可能同时追求探索性活动和利用性活动，需要在二者之间进行均衡（March, 1991; Tushman & O'Reilly, 1996; Benner & Tushman, 2003; Gupta et al., 2006）。

探索性活动和利用性活动之间的互斥关系主要表现在以下三个方面：第一，资源约束。组织的有界性使得一切组织的创新资源都是有限的，当组织的创新资源出现稀缺时，本质截然不同的探索活动和利用活动就会互相争夺企业资源。若组织重视利用性活动，必然将大量资源用于对现有知识的开发和利用，对探索性活动的资源投入就会降低，反之亦然。March（1991）就明确提出，同时开展企业的探索性活动和利用性活动会带来对组织资源的竞争。尤其是对于资源稀缺型组织来说，这两种创新活动之间的竞争会显得尤为突出。第二，组织惯性。两种活动依赖不同的组织惯例和文化，而在组织在运营的过程中通常存在的路径依赖和自我强化的倾向，很难轻易改变现有行为规范，也难以根据外部环境变化适时做出调整（March, 1991）。因而，习惯于利用性活动的组织很难去尝试探索性活动，习惯于探索性活动的组织也会对利用性活动产生排斥。第三，组织结构和思维模式。探索性活动要求组织具有很大的灵活性，并且勇于变革和承担风险；而利用性活动意味着组织具有良好的稳定性，比较保守并且会规避风险。组织的结构和思维模式一旦形成，往往就是固定且难以改变的，适应了探索性活动的组织结构很难再去适应利用性活动，即使强行适应也容易产生组织惰性或水土不服的情况（Jansen et al., 2006）。

（2）互补关系

随着研究的进一步深入，学者们发现利用性活动和探索性活动并不是简单的完全对立关系，它们之间也存在着相互补充、相互促进的关系。He 和 Wang（2004）、Uotila 等（2009）都曾通过对大型企业进行实证分析验证了两种活动之间的确存在互补关系。

这种互补关系存在的原因可能有如下三方面：第一，两种创新活动各有优势，能相互弥补。利用性活动可以深入了解目前的行业动态和顾客需求，为探索性活动积累知识和技术，为企业未来开发新产品和新技术打下基础（Zahra & George，2002）；探索性活动可以提供前沿技术，为现有产品质量的改进和生产率的提高注入新的想法和思路。第二，不是所有的资源都是稀缺的。组织资源虽然具有稀缺性，但信息、知识等资源具有无限性，可以反复使用且没有消耗。组织探索性活动和利用性活动在此类资源上不存在竞争关系，不受束缚。第三，两种创新活动发生在不同领域，不会对同种资源产生激烈竞争。组织的创新可以表现在不同的领域，如市场和技术、研发和生产，不同领域需要的创新资源是不同的。如果探索性活动发生在研发领域，利用性活动发生在生产领域，二者就不会对同种创新资源展开竞争（Brown & Eisenhardt，1997）。此时两种创新活动就能够相互促进，甚至存在正向杠杆效应（Cao et al.，2009）。

目前，更多的学者都认为探索性活动和利用性活动之间既存在对企业稀缺资源的竞争关系，同时又存在相互促进的关系（He & Wang，2004；Uotila et al.，2009；Ozer & Zhang，2015；Zang et al.，2018）。在他们的研究中，都同时考虑了两种创新活动之间的竞争作用和互补作用对企业创新绩效的影响。

2.1.3 二元平衡

鉴于探索性活动和利用性活动之间既存在互补效应又存在竞争效应，如何最大限度地发挥两种创新活动的互补效应，避免竞争效应，如何协调两种创新活动以应对日益激烈的竞争环境，成为学者和管理者普遍关注的问题。

2.1.3.1 二元平衡与绩效的关系

目前，大多数学者都认为利用性活动和探索性活动都对提升企业绩效具有显著作用（He & Wang，2004；Jansen et al.，2009）。利用性活动强调将现有知识复制到新的项目上，成本较低、风险较小，企业将资源用于利用性活动，能更好地整合现有产品、市场，快速提升产品的质量、降低产品成本、提升生产效率，能有效改善企业的短期收益。探索性活动不断探索新知识和新技术，能够促进企业新产品的研制以及新市场、新渠道的开发，有利于企业获取长期收益，确保企业能在未来的市场竞争中立足。因此，两种创新活动对于企业绩效都是有正向影响的，缺一不可。

虽然利用性活动和探索性活动对提升企业创新绩效各有好处，但如果企业过分偏重某一类活动，不能在两种活动之间进行很好的平衡，则很可能出现结构性风险而导致创新失败（March，1991）。如果企业只注重利用性活动而不去进行探索性活动，很容易导致企业陷入发展路径依赖、创新惰性和组织僵化的困境。过度依赖利用性活动，企业就会只重视现有知识和技术，很难主动去寻找和获取全新的知识，致使知识技术陈旧，且对外部复杂多变的环境缺乏足够的洞察能力，从而制约企业的创新行为。如果企业只注重探索性活动而不去进行利用性活动，一方面不能很好地将探索性活动的成果转换为更易被市场接受的形态，会失去市场；另一方面会因为超越现有知识和经验去关注全新的领域，从而给企业发展带来低效率，浪费大量组织资源，甚至遭遇失败。

因此，众多学者都认为，随着内外部环境复杂性和竞争性的日益加剧，企业应该把有限的资源平衡地投入利用性活动和探索性活动以最大程度地提升创新资源的利用率，提升企业绩效（Gupta et al，2006；Levinthal & March，1993；Rivkin & Siggelkow，2003；王凤彬 等，2012）。

2.1.3.2 平衡模式

虽然大部分学者都赞同企业应该平衡发展利用性活动和探索性活动，但在如何兼顾的问题上又产生了分歧。有的学者认为企业应该同时追求两种活动，保持两种活动的绝对平衡能使企业获得更大绩效（Uotila et al.，2009；Dai et al.，2018）；但有的学者认为囿于组织内部资源的有限性和外部环境的变化性，有的组织很难同时实现两种创新活动，交替地进行两种活动才有利于企业绩效的提升（Burgelman，2002；Mudambi & Swift，2011）。在两种创新活动的平衡模式上，出现了“同时平衡”和“间断平衡”两种不同模式（袁健红、龚天宇，2011；芮正云、罗瑾琏；2018）。

（1）同时平衡模式

同时平衡模式（Simultaneous equilibrium），顾名思义是指企业同时兼顾不同的活动策略，把投入的资源均衡地分配给不同的活动，期望能实现不同活动间的协同效应（Gupta et al.，2006）。

一些学者认为既然利用性活动和探索性活动都有助于企业绩效的提高，企业就应该同时兼顾两种创新活动。在如何同时开展探索性活动和利用性活动的问题上，Tushman 和 O'Reilly（1996）首先提出运用分离理论来解决二者之间的矛盾，通过分离模式将探索性活动和利用性活动进行区分，把二者视为在不同层级的组织面上开展的两种独立活动，以此保证两种活动实现协调和平衡。这一模式得到了多位学者的认可，学者们在不同层级上对探索性活动和利用性活动进行了对比，如表 2-2 所示。其中，Volberda 等（2001）认为，应该从管理层级上将两种活动分离，让不同层级的管理者关注不同的创新活动。组织的高层管理者是企业的发展战略和目标的制定者，应该更多地管控探索型活动；中基层管理者是目标方案的执行者，应该更多地进行利用性活动。Fang 等（2010）提出，在组织内部进行“次组织”的组织结构设计，也有助于实现探索性活动和利用性活动的分离。例如研发事业部应侧重于探索性活动，生产事业部应侧重于利用性活动。

表 2-2　不同层级从事探索性活动与利用性活动的对比

层次名称	探索性活动	利用性活动	代表人物
管理层级	高层管理者	中基层管理者	Volberda 等（2001）
组织层级	研发部门	生产部门	Fang 等（2010）
目标层级	战略目标	战术目标	Volberda 等（2001）
知识层级	全新知识	现有知识	March（1991）
……	……	……	……

资料来源：作者根据相关文献整理。

学者们认为探索性活动和利用性活动在组织层面上进行分离后，二者之间在同一资源上就不存在必然的竞争关系，或者竞争程度在可接受的良性范围内，这就为企业同时进行两种创新活动的平衡提供了良好的基础和条件（Benner & Tushman, 2003）。两种活动在不同的组织单元内可以同时进行且互不干扰，可以降低互斥效应且充分发挥互补效应，使二者对企业绩效发挥出更大的正效应。

虽然二元同时平衡模式也考虑了企业资源的约束问题，但该模式多是针对那些资源较为充裕、由多个“次组织”构成的组织系统，或者是拥有较多可用于创新的“冗余资源”的大型成熟企业，而对于长期处于资源紧缺状态的中小企业缺乏足够的关注，没有对 March（1991）所强调的探索性活动和利用性活动“争夺稀缺资源”这一特性予以足够的重视。

（2）间断平衡模式

间断平衡模式（Punctuated equilibrium），是指企业通过时间上的分离实现不同活动之间的间断平衡，也就是企业可以在一段时间内专注于某一种活动，随着内外部环境的变化再转向另一种活动，两种活动不断地交替进行（Gupta et al., 2006）。

间断平衡的思想源自生物进化学者 Gould（1980）。他认为生物进化过程是一个不断交替选择的稳定而短暂的往复过程。Tushman 和 Anderson（1986）首先将该思想应用到组织活动的研究中，并指出如果从时间上将不同组织活动进行分离，在不同时期进行不同的组织活动，不仅能够避免不同活动之间的竞争效应，而且能够有助于活动间互补效应的充分发挥。依据间断平衡模式，组织的探索性活动与利用性活动就不能同时进行，必须按照时间顺序不断地交替进行，以实现两者之间的平衡（Levinthal & March，1993；Siggelkow & Levinthal, 2003）。

基于时间分离的间断平衡模式，很好地解决了中小企业在资源稀缺情况下如何实现两种创新活动平衡的难题。组织能够根据外部环境及组织资源稀缺程度的变化情况相应地单独开展某一种活动，在适当的内外部环境下再选择另一种活动（Burgelman, 2002）。间断平衡模式的假设前提是企业具有较高程度的资源稀缺性和灵活性。一般来说，资源稀缺型企业通过集中于某一种创新活动可以在较短的时间内取得竞争优势，并且资源稀缺型企业一般规模较小，组织结构简单，能够较为灵活地在两种创新活动之间进行切换，因此实施间断平衡创新模式能够较好地提高资源稀缺型企业的绩效（Gupta et al.，2006；杨学儒等，2011）。

间断平衡模式对于提高资源稀缺的中小企业的绩效是有利的，但对于资源相对充足的大中型企业则未必有效，因为大型成熟企业的组织结构庞大，灵活机动性较差，两种创新活动很难随意调换、更替（杨学儒 等，2011），因此间断平衡模式的适用范围也可能有限。

2.2 网络嵌入理论的研究现状

嵌入性（Embeddedness），是指某一事物内生于其他事物之中，是一个用以测量焦点事物与其他事物之间联系紧密程度的概念。嵌入理论是新经济社会学研究领域的基本理论，主要研究经济主体和经济行为和社会关系模式、社会结构的关系，它认为经济主体和经济行为会融入不断发展的社会结构、社会关系，而这些社会结构与社会关系又会反过来作用于经济主体与经济行为。

2.2.1 嵌入性的起源与发展

嵌入性思想最早由经济人类学研究领域中的“实体主义”学派的代表人物 Polanyi（1944）在其名著 *The Great Transformation* 中提出（Granovetter，

1985；Uzzi，1997），但他提出的经济活动受到社会结构与关系影响的观点在长达40年里并未引起足够重视。真正将网络嵌入理论引入新发展阶段的是Granovetter。

1985年，Granovetter在《美国社会学杂志》上发表《经济行为和社会结构：嵌入性问题》一文，使嵌入理论又重新回到人们的视野。在该文中，Granovetter提出现实经济社会中经济主体、经济活动既不能完全受制于社会关系和结构，也不可能完全脱离这种模式，而应该适度融入其中。经济活动通常都会嵌入社会互动，但嵌入的程度和方式不尽相同。

自Granovetter（1985）论文发表后，网络嵌入理论逐渐受到经济学、社会学、管理学等诸多领域的重视，并在网络构成、网络治理、网络演进、网络绩效、网络优劣势等方面取得了丰硕的研究成果（Kogut & Zander，1992；McEvily & Marcus，2005；Zaheer，et al.，1998；Uzzi，1997；Gulati & Sytch，2007）。

2.2.2 嵌入性分类

自Granovetter（1985）对嵌入理论进行重新诠释之后，越来越多的学者开始关注网络嵌入性，从不同视角、不同层面对嵌入性展开了分类研究。目前，学者们从不同视角提出的网络嵌入性分类，大致可以分为宏观、中观、微观三个层面，如表2-3所示。宏观层面的嵌入性表现为政治、文化的嵌入，必然影响企业其他两个层面的嵌入性，而微观层面的认知嵌入、人际嵌入也决定着中观层面嵌入性。三个层面的嵌入性相互影响、彼此交织，共同影响企业的经济行为。

表2-3 嵌入性分类

分析层次			代表人物
宏观层次	中观层次	微观层次	
	关系嵌入、结构嵌入		Granovetter（1985，1992）
文化嵌入、政治嵌入	结构嵌入	认知嵌入	Zukin和DiMaggio（1990）
制度嵌入、社会嵌入		人际嵌入	Jessop（2001）
		技术嵌入、业务嵌入	Andersson等（2001）

表2-3(续)

分析层次			代表人物
宏观层次	中观层次	微观层次	
社会嵌入、空间嵌入	空间嵌入	网络嵌入	Hess（2004）
环境嵌入	组织间嵌入	二元嵌入	Hagedoorn（2006）

资料来源：作者根据相关文献整理。

在不同层面的分类中，比较具有代表性的有如下几种：

Granovetter（1985）将网络嵌入性分为关系嵌入和结构嵌入两个类别。关系嵌入主要用于分析网络内部各类主体之间相互连接的二元性关系特征，例如信任、互惠、合作、关系紧密程度、关系质量优劣等问题，一般用关系强度、关系质量、关系内容等维度进行描述（Guanovetter，1992；Uzzi，1997；Gulati，1998）。结构嵌入主要用于描述社会网络的内部结构，以及分析主体在社会网络中的位置对其经济行为、经济绩效产生的影响，一般通过网络规模、密度、中心度、中介度等定量指标进行描述（Burt，1992；Granovetter，1992；Andersson et al.，2002）。这一分类框架是嵌入性研究中最经典的框架，后续的许多研究都是基于这一框架展开的。

Zukin 和 DiMaggio（1990）对嵌入性概念进行了继承和发扬，将嵌入性的层面进一步扩大，划分为处于微观的认知嵌入、中观的结构嵌入和宏观的文化嵌入和政治嵌入，并深入探讨了四类嵌入性对于网络主体经济行为与经济绩效的影响。

Hagedoorn（2006）在前人研究的基础上，提出了著名的三层次嵌入性——环境嵌入、组织间嵌入和二元嵌入，并分别探讨了三个层次的嵌入性以及三个层次嵌入性之间的交互作用对企业合作行为的影响。

2.2.3 关系嵌入性

虽然嵌入性的分类研究有很多种，但目前对于组织嵌入性的研究大多仍聚焦于网络层面（应洪斌，2010）。网络层面中的关系嵌入和结构嵌入（Granovetter，1985；1992）是迄今为止最经典的分类方式，后续学者对网络嵌入性进行的讨论大多是以此为基础和参照的。网络层面的嵌入性一直沿着关系嵌入、结构嵌入两条主线发展，其中关系嵌入性是理解网络结构对经济行为影响的重要着手点（Barden，2007）。

2.2.3.1　关系嵌入性的维度及测量

对关系嵌入性进行深入研究的前提是对关系嵌入性的维度构成进行系统化梳理。最早对关系嵌入性进行维度划分的学者是 Granovetter（1973）。他用互动频率、情感强度、关系密切度和互惠交换等四种指标将经营主体的关系区分为强连接和弱连接。之后，Uzzi（1997）在此基础上提出关系嵌入性应由信任、信息共享、共同解决问题三个维度构成：其中信任是指企业对其他合作者怀有正向的预期，认为对方不会为了自身利益做出损害自己的行为，这是双方自愿进行资源交换、信息共享的前提；信息共享和共同解决问题是指合作双方对精细信息以及无法编码化的复杂信息的分享和传递。该维度划分得到了较多学者的认可，McEvily 和 Marcus（2005）曾通过实证研究对此进行了验证。

参照 Granovetter 和 Uzzi 的划分方法，大量学者从不同的角度对关系嵌入性的维度做了进一步的拓展（详见表 2-4）。比较具有代表性的研究包括：Rowley（2000）为了检验水平战略联盟的网络特性，以互动频率和资源交换水平两个维度描述连接强度。Uzzi 和 Gillespie（2002）针对商业关系，提出了关系嵌入性维度应包括商业关系持久性、关系正式性、关系多样性、个人参与度和联系性等。Hite（2003）对 1985—2001 年出现的关系嵌入维度进行了总结，提出了情感、互动、互惠、信任、互补、适应、合作等 26 类指标。Gilsing（2005）将关系强度分为个人网络层面和组织网络层面。个人层面的关系强度包含互动频率、情感强度、关系密切度和互惠交换度四种指标，组织层面的关系强度包含互动频率与持久度、信任与开放度、共享范围和契约控制程度四个维度。Gulati 和 Sytch（2007）以美国汽车企业为例，将关系嵌入的维度划分为共同行为、信任和信息交换的质量与范围。我国学者陈学光（2007）认为网络关系维度可以被视为创新网络特征的“质”维度，可包括关系强度、关系持久度、关系质量三个方面。关系强度体现为互动频率、情感强度、关系密切度和互惠交换度，关系持久度是指网络关系的稳定性，关系质量体现为信任、承诺和满意三个方面。

尽管在关系嵌入性的研究过程中，不同学者会根据自己的研究目标和研究角度选择关系嵌入性的不同划分维度，但通常都认为关系嵌入性应被视为一个连续变量，在实证研究中也往往将其作为一个连续变量，因此，可用关系强度对其进行测量（Dacin et al.，1999；Andersson et al.，2002；徐蕾，2012）。

表 2-4　关系嵌入性的维度划分

维度划分	代表人物
互动频率、情感强度、关系密切度、互惠交换	Granovetter（1973）
信任、信息共享、共同解决问题	Uzzi（1997）
互动频率、资源交换水平	Rowley（2000）
商业关系持久性、关系正式性、关系多样性、个人参与度、联系性	Uzzi 和 Gillespie（2002）
情感、互动、互惠、信任、互补、适应、合作等 26 类指标	Hite（2003）
个人网络层面（互动频率、情感强度、关系密切度、互惠交换度）、组织网络层面（互动频率与持久度、信任与开放度、共享范围、契约控制程度）	Gilsing（2005）
共同行为、信任、信息交换的质量和范围	Gulati 和 Sytch（2007）
关系强度（互动频率、情感强度、关系密切度、互惠交换））、关系持久度（稳定性）、关系质量（信任、承诺、满意）	陈学光（2007）

资料来源：作者根据相关文献整理。

2.2.3.2　关系嵌入性的作用和影响

关系嵌入性一直被公认为是企业重要的战略资源，企业间不同的关系嵌入会深刻地影响企业的绩效和未来发展（Andersson et al., 2002）。但关系嵌入性究竟如何影响企业绩效，目前学术界仍存在不同观点，本书对四类观点进行了总结归纳（详见表 2-5）。

（1）关系嵌入性的“弱连接优势”与企业绩效具有正向关系

该观点认为弱连接是指企业与网络中其他企业之间保持着一种松散的关系，这种松散关系更有可能让企业接触、获取较高异质性的信息和知识，从而有助于企业进行创新以及获得核心竞争力。

该观点最早由 Granovetter 于 1973 年在其著名论文“The Strength of Weak Ties”中提出。在后续研究中，Granovetter（1973；1974）发现弱连接往往能给个人或企业带来非冗余信息或异质性信息，而强连接往往带来同质性信息。Granovetter（1983）在 *The Strength of Weak Ties: A Network Theory Revisited* 中再次强调，弱连接比强连接更有可能成为连接个体间的“桥”；但并非所有弱连接都比强连接更具优势，只有成为“桥”的弱连接才能比强连接更有效。Burt（1992）提出“结构洞理论”，认为弱连接能创造出更多的最短途径的局部桥梁。McEvily 和 Zaheer（1999）通过实证研究证明了成为“桥”的弱连接能带来更多的非冗余性信息，对提高企业竞争力具有正向作用。

（2）关系嵌入性的“强连接优势”与企业绩效具有正向关系

该观点认为强连接是指该企业与网络中的其他企业之间保持着一种非常紧密的联系，这有助于增强主体间的信任程度，降低资源获取的不确定性和风险，有利于知识的获取和利用，进而有助于企业获得竞争优势。

该观点得到多位学者实地调研的检验。Nelson（1989）首次提出了“强连接优势”，通过对 20 个组织进行实地调研，发现冲突较少的组织成员之间具有较强的连接，彼此交流频繁，企业绩效较高。Dyer 和 Nobeoka（2000）也同意“强连接优势”的观点，发现丰田汽车制造网中制造商和供应商之间的强连接关系可以有效推动网络内部知识共享、知识扩散以及粘滞性知识的转移，最终促进企业绩效的提升。McEvily 和 Marcus（2005）通过案例研究和实证分析，发现制造商和供应商之间的信息共享、信任和共同解决问题在帮助企业获取隐形知识的过程中起到了重要作用。企业间关系嵌入程度越高，越有利于隐形知识的传播和利用，越有利于推动企业获取竞争优势。

（3）关系嵌入性与企业绩效之间呈“倒 U 形”的非线性关系

Uzzi（1997）提出著名的“嵌入型悖论”，认为强连接有利于复杂隐形知识的传递与转移，但过度嵌入有可能导致企业的发展路径受限，从而影响绩效。也就是关系嵌入和企业绩效之间存在“倒 U 形”关系，关系嵌入不足或过度嵌入都会导致企业绩效的下降。Hakansson 和 Snehota（1998）也指出，当企业在网络中关系嵌入程度过强时，很可能会对企业绩效起到负向影响。

（4）关系嵌入性与企业绩效的关系受到情境因素的影响

有学者认为，之所以会出现强连接和弱连接的不同结论和“嵌入性悖论”，是因为缺乏针对不同情境的研究。不同情境下，关系嵌入性对企业绩效会产生不同影响，必须引入“权变”的思想来看待两种连接。目前，已有多名学者引入不同的情境变量，研究这些变量对关系嵌入和企业绩效的调节作用。

Rowley 等（2000）引入产业环境动荡性作为嵌入性与企业绩效之间的调节变量，通过实证发现当产业环境动荡性较低时，企业更倾向于利用现有资源，强连接更有利于提升企业绩效；当产业环境动荡性较高时，企业更倾向于利用全新资源，弱连接则更有效。Uzzi 和 Lancaster（2003）将知识属性作为权变因素，认为强连接有利于传播私密信息或复杂的隐形知识，而弱连接更有利于传递公共信息或简单的显性知识。Gilsing 和 Duysters（2008）将组织结构作为情境因素研究嵌入性和企业绩效之间的关系，发现在探索性情境下，关系嵌入性的交往频率、信息和共享三个维度与企业绩效呈正相关关系；在利用性情境下，关系嵌入性的三个维度与企业绩效呈负相关关系。我国学者戴维奇等（2011）以浙江省传统产业集群企业为例，提出集群内网络结构（规模、密度、中心性、中介性）对网络关系嵌入与公司创业之间的关系起到负向调节作用。

表 2-5　关系嵌入性和企业绩效的关系

关系嵌入性				代表人物
线形关系		非线性关系	权变关系	
强关系	弱关系			
	●			Granovetter（1973，1974，1983）
●				Nelson（1989）等
	●			Burt（1992）
		●（"倒 U 形"）		Uzzi（1997）
	●			McEvily 和 Zaheer（1999）
●				Dyer 和 Nobeoka（2000）
			●（产业环境动荡性）	Rowley 等（2000）
			●（知识属性）	Uzzi 和 Lancaster（2003）
●				McEvily 和 Marcus（2005）
			●（组织结构）	Glising 和 Duysters（2008）
			●（网络结构）	戴维奇（2011）

资料来源：作者根据相关文献整理。

2.2.4　外向型企业的双重网络关系嵌入

2.2.4.1　外向型企业的界定

外向型经济是指一个国家或地区为推动本国、本地区经济发展，以国际市场需求为导向，以扩大出口为中心，根据比较利益原则，积极参与国际分工和国际竞争所建立起来的经济结构、经济运行机制和经济运行体系。外向型经济亦称“出口主导型经济”，主要依靠优先生产出口产品参加国际分工和国际交换来带动经济发展。

作为外向型经济的微观主体，外向型企业是指建立在国内、以国外市场为主要销售场所的企业。外向型企业的基本特征是生产和经营必须面向国际市场，和国际接轨。在判断企业是否是外向型的问题上，曾浩然（1994）曾提出，企业出口产品（劳务、技术）等收入必须在企业销售额里占到一定比例，但目前比例的界定尚未达成一致，有的规定30%以上，有的规定50%以上。在我国，只要有产品出口的对外经营企业都被称为外向型企业。

我国的外向型企业可以分为加工贸易型企业、一般出口型企业和跨国经营型企业，其中加工贸易型企业所占比例最大。加工贸易型企业主要利用劳动力成本低的优势参与国际分工，为发达国家的企业进行贴牌、定牌生产，处于价值链的中低端环节。一般出口型企业通常拥有自主品牌和一定的自主研发能力，通过自建的营销渠道在国外销售自己的产品，利润较为可观。跨国经营型企业是外向型企业的最高等级，通过对外直接投资在世界各地设立分支机构或子公司，从事国际化的生产和经营活动。

2.2.4.2 外向型企业双重网络的建构

鉴于外向型企业建立在国内、销售在国外的特征，有的学者从地理边界上区分了外向型企业的网络类型。Andersson 和 Forsegern（1996），彭伟等（2017），李杰义、闫静波（2019）等都以一国领土为边界，将外向型企业的外部网络划分为本土网络和海外网络。和一般企业相比，外向型企业直接面向国际市场，积极参与国际分工，在嵌入海外网络方面更具优势。海外网络中汇集了众多不同国家、不同行业的经营主体，蕴含着丰富的异质性信息（Granovtter，1983；Kraatz，1998），有助于激发外向型企业的创新思维和灵感。但外向型企业仍然根植于本土网络，由于文化背景相似、地理距离邻近，各经营主体频繁的交流沟通和广泛存在的非正式联系、人员流动、协议同盟等能有效促进同质性知识信息在企业间的流动和分享，使企业能低成本地分享知识溢出和集体学习的益处（Capello，1999；魏江，2003），提升其本地化创新能力（Whittington et al.，2009）。

一些学者从网络主体的角度对网络进行了划分，其中比较具有代表性的有：Cooke（2002）列举了高校科研机构、技术转移机构、行业协会、银行、政府等多种主体类型，并把这些主体概括为知识应用及开发网络和知识产生及扩散网络。戴维奇等（2011）将企业网络主体划分为政治网络（包括党政领导、行业主管部门和国有银行等）和商业网络（包括供应商、客户和同行企业等）。陈学光（2007）认为网络伙伴不仅有供应商和客户，还有同行、科研院校、相关政府部门、金融机构、行业协会及中介服务机构等创新主体。在此基础上，徐磊和向永生（2012）、康健（2015）等把企业网络划分为商业网络和技术网络，商业网络包括供应商、用户、同行企业或竞争对手；技术网络包括高等教育结构、公共研究服务平台（知识产权部门、公共研究院、公共创新服务机构等）以及科研服务机构（行业协会、技术中介组织、商业化研究机构等）。

将上述两种不同的网络划分结合在一起，本书把外向型企业嵌入本土网络和海外网络的现象定义为外向型企业双重网络关系嵌入。它反映的是外向型企业在地理空间上本土和海外各种关系的综合，包括本土商业网络、本土技术网络、海外商业网络和海外技术网络的关系嵌入（图 2-1）。其中，本土和海外商业网络揭示了外向型企业与本土、海外网络中价值链上主体企业之间的连结关系，反映企业在互动过程中的信息、知识等资源的应用和开发；本土和海外技术网络揭示了外向型企业与本土、海外网络中教育研究机构、科技服务机构之间的连结关系，这种连结关系有利于促进外向型企业对信息、知识、技术等资源的有效应用和开发。

主体类型维度	本土商业网络	海外商业网络
	本土技术网络	海外技术网络
	地理范围维度	

图 2-1　外向型企业双重网络关系嵌入

2.2.4.3　外向型企业双重网络关系嵌入的作用

（1）本土网络关系嵌入的作用

在本土网络中，产业链上各环节的本土企业和相关机构非常多，蕴含着丰富的和强获得性的各类资源（邬爱其，2004），是外向型企业获得外部规模经济和创新知识溢出的重要源泉（Whittington et al.，2009）。

地理邻近性和文化邻近性使得本土各主体之间具有更频繁的互动和更深度的信任，更容易构建起密集的非正式网络（Saxenian，1994；Porter，1998）。本土网络中广泛存在的非正式联系、面对面沟通、人员频繁流动等方式，能促使本土知识和技术在组织之间有效流动（Rosenkopf & Almeida，2003；Whittington et al., 2009)，对企业间集体学习和合作创新以及专业化生产都具有十分重要的意义（Rappert et al., 1999）。

企业和本土网络其他主体之间的信任度越高、联系越紧密、沟通越频繁，获得的信息和知识就会越深入、越细致（McEvily & Marcus，2005）。而信息和知识的积累都有利于企业形成和完善自身的知识和能力体系，对企业的创新绩效具有显著的正向影响（Baptista & Swann，1998；林筠等，2009）。

（2）海外网络关系嵌入的作用

外向型企业在嵌入本土网络的同时，也广泛地嵌入全球层次的社会网络。外向型企业从全球管道中获取异质性信息和知识是其不断创新的重要动力（Bathelt et al，2004）。

海外网络跨越了地理边界，使外向型企业能够在更广阔的地理范围内接触到更高知识位势的异质性知识主体，包括国内外技术领先企业、研发机构、知识密集型企业甚至全球领先的跨国企业等，在与外部组织合作的过程中获取来自全球各地多样化的、新鲜的高价值知识（邬爱其，2009）。由于地理距离和知识距离较远，外向型企业与外部网络中的主体多属于弱连结关系，而弱联结更有利于异质性信息的传播和获取（Granovtter，1983；Kraatz，1998）。外向型企业嵌入外部网络的程度越深，获取的信息和知识就会越广泛、越多元化，这将有助于激发企业的创新思维和灵感，为企业的创新要素重新组合提供良好的契机，极大地提升企业的创新绩效（任胜钢 等，2011）。

2.2.4.4 外向型企业双重网络关系嵌入的运行机制

（1）本土网络关系嵌入的运行机制

本土网络的运行机制主要聚焦于资源（信息、知识）流动和相互学习，其实现的途径主要有三种：人员在企业间的流动、企业网络化联系和企业衍生过程（Capello，1999；Keeble & Lawson，1999；魏江，2003）。

在产业理论中，人员流动一直被认为是知识溢出和集群学习的重要途径（Saxenian，1994）。Brenner（2006）认为研发人员和技术人员的高度流动极大地促进了知识在企业之间的转移和积累。这种流动广泛存在于纵向产业链上的企业与供应商、客户之间，横向的企业与合作伙伴、竞争企业之间，以及企业与科技服务机构、教育服务机构之间等。

企业之间的正式合作关系和非正式合作关系，也是内部知识流动和积累的重要途径。地理邻近性和认知邻近性使得本土网络中的各主体之间经常保持着紧密的非正式合作关系，由此构建起密集的非正式网络，可以保证隐形知识在网络中的有效传播和共享（Uzzi，1996）。同时，紧密的非正式合作关系也会促使网络内的主体更容易构建起正式的合作关系，通过签订合作协议、外包合同、咨询服务协议等方式构建起纵横交错的正式网络，积极推动大量显性、隐性知识的流动。

企业衍生是指从已有高校科研机构、企业的实验室衍生新企业（Capello，1999），这也是知识转移和集群学习的一种途径。知识服务机构作为创新网络的主要“守门人”之一，通过教育研究机构的衍生，将新知识、新信息逐步扩散到本土网络中。

（2）海外网络关系嵌入的运行机制

海外网络内的主体企业之间由于距离较远，彼此之间存在较大的文化距离和认知距离，因此它的运行机制主要通过构建起战略联盟、嵌入全球价值链等途径得以实现。

构建起战略联盟是指企业与海外网络中的其他主体通过签订长期的、正式的契约，保持长期的互动惯例，以便充分准确地进行知识交流、实现知识整合和共享（魏江、徐蕾，2011）。

企业通过提供某种半成品或服务融入全球价值链，可以从价值链上的上下游企业中学习和获得丰富的异质性知识和信息。刘仕国等（2015）指出，全球价值链上企业之间的知识交换和扩散要优于链上企业与链下企业的知识交换，更能获得发达国家的知识溢出（Farole & Deborah，2014）。

2.3 资源整合能力的研究现状

资源整合能力的研究是以资源基础理论和企业能力核心理论为基础，进一步拓展研究了资源整合能力的概念、维度以及影响等内容。

2.3.1 资源基础理论

20世纪80年代中后期，战略管理研究的焦点转向对具有竞争优势的企业内部属性的分析，Wernerfelt（1984）首次提出企业资源基础理论，从而开辟了从企业的资源而不是产品来分析企业竞争优势的研究先河。资源基础理论认为企业的资源包括有形资源（物资资源和财务资源）和无形资源（技术、知识、声誉、文化资源和人力资源等），各个企业资源具有的差异性和不完全流动性所导致的资源稀缺性是企业赢得利润与竞争优势的主要原因。资源基础理论从企业所拥有的稀缺资源出发来说明企业优势能力的形成，强调企业应通过内部的资源积累来创造竞争优势。

Barney（1991）和 Peteraf（1993）对 Wernerfelt 观点进行了发展和完善，提出了目前学术界普遍接受的资源观分析框架。Barney 认为实施那些竞争对手无法实施的战略，才能确保企业竞争优势的获取；而独特竞争战略的实施，有赖于企业的资源。当企业资源具备价值、稀缺、难以模仿和难以得到四个特征时，企业就能建立持续竞争优势并持续获得收益。企业战略管理最重要的原则是通过资源积累与配置，赋予所占资源以异质性和独特性，从而获得持续竞争优势，即获得“持续租金”。Peteraf 进一步阐明了依靠关键资源保持持续竞争优势的四个条件：①能够依靠资源的异质性获取租金；②能凭借对竞争的事前限制以低于租金的成本获取到优势资源；③能依靠资源的不完全流动性将租金保持在企业内部；④能凭借对资源竞争的事后限制来保住这些租金。

2.3.2 企业核心能力理论

资源基础论把竞争优势的根源归因于企业所拥有的资源，这有一定的局限性。企业能力论认为企业是“能力的独特集合体”，企业的长期竞争优势来自企业的核心能力。

“企业核心能力”的概念由 Prahalad 和 Hamel（1990）提出。他们认为核心竞争力是组织中的积累性学识，特别是关于如何协调不同的生产技能和有机结合多种技术流的学识。市场战略、产品战略、技术战略等职能战略都是企业外在的显性化的战略。面对激烈的市场竞争，任何企业单纯依靠某一项或几项职能战略，最多只能获得暂时的优势，只有培育和拥有核心能力才能使企业长期立于不败之地。企业拥有核心能力是企业长期竞争优势的源泉，积累、保持和运用核心能力是企业长期发展的根本性战略。

Lenoard-Barton（1992）认为核心能为是区别于其他企业并提供竞争优势的知识集合，并对知识集合进行了具体阐述：①知识内容体现在雇员的知识和技能上；②知识内容嵌入技术系统；③知识创造和控制的过程由管理系统所指导；④与各类被体现和嵌入的知识以及知识创造和控制过程相联系的是价值和规范。

核心能力论认为企业的核心能力源于企业内部知识的积累和培养，它是企业获得和保持持续竞争优势的关键，同时，核心能力是一种动态的能力，会随着知识的开发、利用和扬弃等过程不断地发生变化。

2.3.3 资源整合能力

Barney（1991）认为，资源是能力的来源，能力就是企业将其潜在资源转为活动和行为的能力（Mahoney & Pandian，1992），而资源和能力都可以看作企业竞争优势的来源。

2.3.3.1　资源整合能力的界定

资源整合是一个复杂的动态过程，是指企业对不同来源、不同层次、不同结构、不同内容的资源进行选择、汲取、配置、激活和有机融合，使之具有较强的柔性、条理性、系统性和价值性，并对原有的资源体系进行重构，摒弃无价值的资源，以形成新的核心资源体系的过程（Hitt et al.，2001；董保宝 等，2011）。资源整合是企业的一种战略性的规划，主要用以优化配置企业内外部资源。Brush 等（2001）提出了企业的资源开发路径，即识别资源、吸引资源、将个人资源转化为组织资源并加以利用，使之成为企业本身所具有的持续竞争优势。Ge 和 Dong（2008）、马鸿佳等（2011）以企业自身为边界，区分了其在资源整合中的内外部行为，将资源整合分为资源识取以及资源配用两大过程。前者主要是企业面向外部的行为，包括识别资源和获取资源，而后者是企业内在资源组合与使用的行为，包括资源的配置和使用。

资源整合能力是伴随着企业资源整合的过程而形成和提升的，企业资源整合过程无时不体现着资源整合能力。因而众多学者从资源整合过程的角度对资源整合能力进行了定义。Sanchez（1995）认为，企业资源整合能力包含了从外部吸收各类信息和知识的能力，即吸收能力，这种能力会驱使企业根据环境变化对外部信息进行深度的识别与获取。Eisenhardt 和 Martin（2000）认为企业资源整合能力是一种动态能力，包含获取、转让、配置和整合资源等四方面，它们形成了企业的核心竞争力。Koruna（2004）认为资源整合能力是企业充分高效利用其内部资源或者通过整合内外部资源以产生新资源的能力。饶扬德（2006）认为，资源整合能力是企业在发展过程中具有的选择、汲取、置换和配置、激活和融合不同种类型资源的能力，既体现在从外部获取资源的宏观层次上，又体现在从企业内部配置、激活、融合资源的微观层次上。

2.3.3.2　资源整合能力的维度

学者们从不同的角度对资源整合能力的维度进行了划分，如表 2-6 所示。

（1）从整合内容的角度

根据整合的资源内容不同，饶扬德（2006）将资源整合能力划分为宏观（重建游戏规则能力和战略预见能力）和微观（置换与配置能力、激活与融合能力）两个层次。其中，重建游戏规则能力是指企业利用内外资源、新旧资源、个体与组织资源以及纵横向资源打破原有僵化的竞争规则的能力；战略预见能力指创业者发现问题、规避风险、掌握主动权的能力；置换与配置能力指有效置换和配置资源、增强组织结构合理性的能力；激活与融合能力指促使企业资源充分发挥作用的能力，是否具有激活与融合能力是企业能否与资源实力相匹配或获得更强竞争优势的关键因素。蔡双立（2013）将资源整合能力划分为信息获取能力、资源调动能力、网络影响力、人际关系协调能力和价值要素的创新组合能力五个维度。其中信息获取能力包括现实吸收能力与潜在吸收能力（Zahra & George，2002），资源调动能力包括市场识别能力和技术识别能力（Schumpeter，2000），网络影响力指拥有关键或稀缺资源而提高企业在联盟网络中地位的一种影响力（景秀艳，2007），人际关系协调能力强调人际关系的利用、资源择取与配置，价值要素的创新组合能力指对企业内外部资源进行重新组合与再造，进而获得不可替代的新资源的能力（Koruna，2004）。

表 2-6　资源整合能力的维度划分

	维度划分	代表人物
按整合内容划分	宏观层次（重建游戏规则能力和战略预见能力）、微观层次（置换与配置能力、激活与融合能力）	饶扬德（2006）
	信息获取能力、资源调动能力、网络影响力、人际关系协调能力、价值要素的创新组合能力	蔡双立（2013）
按整合过程划分	获取资源、转让资源、配置资源和整合资源能力	Eisenhardt 和 Martin（2000）
	资源协调能力、资源选择能力和资源组合能力	Zahra 和 Sapienza（2006）
	资源构建能力、资源凝聚能力以及资源利用能力	Sirmon 等（2007）
	资源构建能力和资源利用能力	崔启国（2007）
	资源识别能力、资源获取能力和资源开发能力	蔡莉和柳青（2007）
	资源识别能力、资源获取能力、资源配置能力和资源利用能力	Ge 和 Dong（2009）、马鸿佳（2008）、董保宝等（2011）、党兴华（2013）

资料来源：作者根据相关文献整理。

（2）从整合过程的角度

根据资源整合过程的不同，Eisenhardt 和 Martin（2000）把资源整合能力分解为获取资源的动态能力、转让资源的动态能力、配置资源的动态能力和整合资源的动态能力，并认为企业能够通过这四种动态能力形成自己的核心竞争力。Zahra 和 Sapienza（2006）将资源整合能力分为资源协调、资源选择和资源组合三个维度。Sirmon 等（2007）将资源整合能力划分为资源构建能力、资源凝聚能力以及资源利用能力。其中资源构建能力是指企业对自身所拥有的所有有形和无形资产的管理能力，资源凝聚能力是指结合企业所拥有的资源进行转换的能力。资源利用能力是指企业为顾客创造价值的能力。崔启国（2007）把资源整合能力划分为两个维度，即资源构建能力与资源利用能力。资源构建能力是指企业对内外环境中的资源进行识别、获取和优化配置的能力，资源利用能力是指企业对所拥有资源激活或再造的能力。蔡莉和柳青（2007）把资源整合能力概括为资源识别、资源获取和资源开发三个方面的能力。Ge 和 Dong（2008）、马鸿佳（2008）、董保宝等（2011）、党兴华（2013）又进一步把资源整合能力细分为资源识别、资源获取、资源配置和资源利用四个方面的能力。

综上所述，本书采用了 Ge 和 Dong（2008）、马鸿佳（2010）的观点，以企业自身为边界，将资源整合能力分为两个维度：一是企业面向外部的能力，包括资源识别能力和资源获取能力；二是企业内在资源组合与使用的能力，包括资源配置能力和资源利用能力（如图 2-2 所示）。资源识别是企业创新发展的重要前提，资源获取是企业核心竞争力提升的重要保障，资源配置是资源整合的中心环节（获取的资源能否具有价值取决于如何配置），资源利用将最终决定资源能否发挥其最大效能，创造新价值（Brush，2001）。

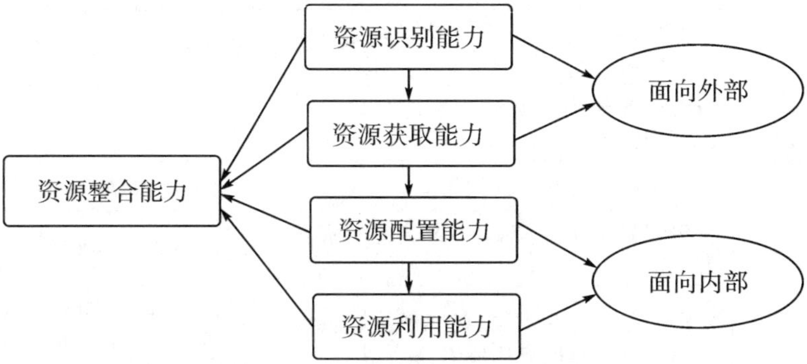

图 2-2　资源整合能力的四维结构

2.3.3.3　资源整合能力的影响因素

研究资源整合能力形成机制的视角可分为外部环境视角和组织内部视角两大类（Leoncini et al.，2003）。

外部环境视角对企业资源整合能力形成机制的研究主要从网络嵌入性来考察企业资源整合能力（Lane et al.，2006）。公司间的研发合作、策略联盟所构成的外部网络对企业的资源整合能力有着深刻的影响，企业与外部网络的关系越紧密，资源整合能力则越强。Escribano 等（2009）通过对生物制药业进行调查，发现企业产学研组织间的合作有利于提升企业对外部知识的吸收能力，也有利于提升企业的创新绩效。Zahra 和 George（2002）认为企业的网络伙伴可以分为长期伙伴和短期伙伴，企业与长期伙伴的网络连接越强，企业知识同化的整合能力越强；企业与短期伙伴的网络连接虽然弱一些，但也能从与短期伙伴本身的连接中有效率地分享新知识。陈玉麟（2011）通过对台湾上市公司的实证调查发现企业嵌入外部网络的深度和广度都能对企业资源整合能力产生重要影响。企业的外部网络越宽广（合作伙伴数量越多），嵌入外部网络的程度越深（和合作伙伴的关系越紧密），企业能确认和采用的重要外部知识就越多，对企业资源整合能力的提升越有帮助。

组织内部视角下对资源整合能力驱动因素的研究成果主要体现在组织内部资源、组织学习和组织管理者三个类别上。Cohen 和 Levinthal（1990）认为企业内部的研发活动是影响企业资源整合能力的重要因素。研发活动可以增加企业吸收与学习外部知识的能力，积累充分的技术知识，进而增强对外部创新资源的整合能力。March（1991）、彭学兵等（2017）研究表明，组织学习可以有效促进组织获取资源和利用资源，进而影响企业绩效。另外，企业管理者的受教育程度、行业知识、经验、关系等因素也会影响企业的资源识别与获取。郭海等（2013）通过实证分析证明了管理者的商业关系和政治关系对企业的资源整合能力有着显著的提升作用。

随着上述两种视角研究的深入，将两种视角融合起来探讨资源整合能力的形成机制也逐渐成为目前的研究趋势。

2.3.3.4 资源整合能力的作用

关于资源整合能力的作用，目前的研究主要从企业竞争力、组织绩效、创新行为等方面进行了分析。

（1）企业竞争力

很多学者认为资源整合能力是竞争优势的基础（Teece et al.，1997；Wu，2006；董保宝，2012）。Penrose（1959）提出，企业如果只是利用已有的资源和能力是无法获得持续的竞争优势的，必须要进行新资源的开发和能力的提升。这就要求企业不仅要很好地利用内部资源，还要善于挖掘外部资源，形成整合企业资源的能力（饶扬德，2005）。企业资源整合能力是企业核心竞争力的重要表征之一，企业创造价值的能力取决于企业组织与获取资源的范畴、档次和丰富度（陈卫东，2007）。崔新有（2004）将企业核心竞争力的形成分为基础层、中间层和最高层三个层次，企业资源是基础层，资源整合能力是中间层，资源具体运行能力是最高层。企业能否获得竞争优势的关键在于企业是否具有利用与开发现有资源的能力。

（2）组织绩效

Teece（2007）认为资源整合能力是企业取得可持续绩效的本质和微观基础。资源整合能力能够加强企业成员之间或者不同职能部门之间的沟通和协调，提高企业的协调性和企业绩效（Gilbert，2005；Zhou & Wu，2010）。Drnevich 和 Kriauciunas（2011）、焦豪等（2008）、曾萍和蓝海林（2009）等都对资源整合能力与组织绩效之间的关系进行了探讨，认为资源整合能力在某些方面能够改善公司的绩效，如应对动态环境（Teece et al.，2007）、提高生产率（Zollo & Winter，2002）、生成新的战略（Eisenhardt & Martin，2000）。杜建华等（2009）指出资源整合能力对企业绩效（财务绩效、创新绩效、成长绩效）的三个维度都存在显著的正向影响。

（3）创新行为

随着经济全球化和网络经济的兴起，各类技术资源、制造资源和创新知识的分布和配置比以往更加分散（Teece，2000），企业需要将各类资源及时整合起来才能实现技术创新并取得战略优势。Van den Bosch 等（1999）认为资源整合能力既可以促进企业对外部新技术和新知识的吸收，又可以保证新技术和新知识在企业内部的传播，对企业创新大有益处。Lane（2006）认为资源整合能力与组织之间的相互学习有着很强的关联性，组织之间的学习又能够引致创新，因此资源整合能力对于企业技术创新有一定的影响。党兴华等（2013）通过实证研究发现，在资源整合能力作用下，企业能够获得创新所需的资源，从而提高企业创新能力。

2.4 文献评述

对组织二元理论、网络嵌入理论以及资源整合理论的研究由来已久。组织二元理论认为一个企业必须同时具备“探索”新技术、新市场、新机会的能力和“利用”现有知识获取市场地位的能力，才能在市场中更长久地生存。其新颖的内容为后期管理学研究提供了一种崭新的视角，其思维模式也被广泛运用在管理学的研究中。目前，组织二元理论的研究在内涵界定、二元关系以及二元平衡等方面取得了较为丰硕的成果。

网络嵌入理论是新经济社会学研究领域的基本理论，主要研究经济行为与社会结构的关系。目前多数研究都是沿着关系嵌入和结构嵌入两条主线展开的，其中关系嵌入性是理解网络结构对经济行为影响的重要着手点，相关研究也比较丰富，主要集中在关系嵌入的维度划分及其如何对组织绩效产生影响方面。

基于资源整合理论和企业核心能力理论的资源整合能力近年来已成为研究的热点。资源整合能力是一个多维度且会动态变化的概念，它会受到外部环境和内部组织的影响，同时也会对组织绩效产生多方面的重要影响。目前，资源整合能力的研究在内涵界定、影响因素以及作用机制等方面都取得了较多的成果。

目前虽然有学者将组织二元理论（March，1991）引入网络嵌入研究，认为企业应当平衡地嵌入双重网络才能最有效地提高企业创新绩效，但此类研究数量较少，研究内容也比较局限，深度和宽度都有待加强。具体表现为：

（1）以往研究放大了双重网络平衡嵌入的互补效应，忽略了二者的竞争效应

此类研究普遍认为双重网络平衡嵌入能发挥二者的协同效应，正向影响企业的创新绩效，却忽视了同时嵌入双重网络不可避免地会使企业内部资源形成竞争（Raisch & Birkinshaw，2008；彭伟 等，2017）。在企业资源有限的情况下，同时嵌入双重网络为资源带来的竞争效应极有可能会超过二者的互补效应，对企业创新绩效产生负面影响。在研究过程中如果完全忽略双重网络同时嵌入所产生的竞争效应，可能致使研究结果不够完善或有失偏颇。

（2）没有在特定情境下探讨有利于企业创新的双重网络关系嵌入平衡发展模式

此类研究仅限于从整体上分析双重网络嵌入平衡发展对企业创新的影响，没有进一步探究不同平衡模式的影响。组织二元理论根据策略执行的时间不同，把平衡模式分为“同时性平衡”和“间断性平衡”（袁健红、龚天宇，2011）。虽然从长期来看，外向型企业很有可能实现本土网络和海外网络嵌入的双重平衡发展，但从短期看，很有可能出现某些企业采用同时性平衡模式，某些企业采用间断性平衡模式的状况。而究竟采用哪种平衡模式对企业创新最有利，会受到企业自身因素和外部因素的影响，因而引入特定的情境因素进行分类讨论非常必要。如果研究没有在特定环境下探讨有利于企业创新的双重网络关系嵌入平衡模式，可能致使研究结果笼统、含糊，且针对性不强。

（3）双重网络关系嵌入与企业创新绩效之间的影响机理研究比较片面和单一

学者们从不同角度探究了两种网络关系嵌入与企业创新之间的“黑箱”，经过实证分析的中介变量有动态能力（康健，2015；王核成等，2016）、知识整合（Collins & Hitt，2006；魏江、徐蕾，2014）、知识搜索质量和搜索速度（洪如燕，2012）等。这些变量都一定程度地揭示了网络嵌入对企业创新的影响机理，但在解释企业双重网络关系嵌入与企业创新绩效之间的因果关联机制上还显得比较片面和单一。在从嵌入网络到创新绩效提升的过程中，既会涉及资源的识别、获取能力，又会涉及资源配置、利用能力，而资源整合能力这一重要的多维度中介变量并未得到充分重视。

（4）缺少以外向型企业为对象的网络嵌入性研究

目前双重网络嵌入的研究多是以集群企业和科技企业为对象（魏江、徐蕾，2014；康健，2015；王核成 等，2016），很少有针对外向型企业的相关研究。我国改革开放经历 40 多年，出现了大量的外向型企业，为我国经济发展做出了重大贡献，如何在新时期继续保持外向型企业的创新性和持续竞争力一直是我国非常关注的问题。和普通企业相比，外向型企业在嵌入海外网络方面具有天然优势，呈现出鲜明的海外网络嵌入和本土网络嵌入的双重特征。因此，专门针对外向型企业，探讨如何合理地嵌入本土网络和海外网络以提高企业的创新绩效，有着非常重要的现实意义。

2.5 本章小结

围绕研究主题，本章首先对组织二元理论、网络嵌入理论和资源整合理论的相关文献和国内外学者的主要研究成果进行了梳理，包括组织二元、网络关系嵌入、资源整合能力的定义、分类以及三者与企业绩效的关系等；其次在文献梳理的基础上对相关文献进行了评述，提出了目前研究中尚待解决的问题。

3 探索性案例研究

在前一章文献综述中，本书虽然对组织二元理论、网络嵌入理论和资源整合理论的相关文献和国内外学者的主要研究成果进行了梳理，但是网络关系嵌入、双重网络关系嵌入平衡性、资源整合能力与创新绩效之间的关系，特别是其内在的影响机理，仍存在模糊不清的状况。因此，本书将在文献综述的基础上运用规范的案例研究程序，对4个外向型企业进行多案例研究，以构建出双重网络关系嵌入及其平衡、资源整合能力与创新绩效的初始模型，并提出初步假设。

3.1 案例研究方法概述

案例研究法由美国哈佛大学法学院始创，1908年被哈佛商学院引入商业教育领域。案例研究属于经验性研究，其意义在于可以深入探讨“怎么样”和“为什么”两类问题（Eisenhardt，1989）。通常在探究变量之间的深层作用机制时，案例研究法是一种较为合适的方法（范志刚，2010）。

根据研究目的的不同，案例研究可以分为三大类：探索性案例研究、描述性案例研究和解释性案例研究（Yin，1994）。探索性案例研究往往会超越已有的理论体系，运用新的视角、假设、观点和方法来解析社会经济现象，更侧重于提出假设；描述性案例研究是在现有理论框架之内，对企业实践活动进行详尽的描述，侧重于描述事例；解释性案例研究则是通过细致的观察、深入的分析以确定不同现象之间存在的各类函数关系，侧重于验证提出的问题。

根据案例数量的不同，案例研究可以分为单案例研究和多案例研究。单案例研究主要用于证实或证伪已有理论假设某一个方面的问题，有利于深入、系统地揭示案例所对应的经济现象的背景，以保证案例研究的可信度。多案例研究则适用于系统构建新的理论框架。在多案例研究中，首先是对每个独立完整的案例进行案例分析，然后再依托同一研究主旨，在彼此独立的案例分析基础上对所有案例反映的情况进行归纳和总结，从而验证其假设。多案例研究能够更好、更全面地反映案例背景的不同方面，尤其是在多个案例同时指向同一结论的时候，案例研究的有效性将显著提高（Eisenhardt，1989；章威，2009）。

本书旨在探寻双重网络关系嵌入、资源整合能力与创新绩效之间的作用机制，提出变量之间确定的理论假设，因而采用探索性案例研究是合适的。另外，本书希望通过探索性案例构建三者之间的系统理论框架，因而采用多案例研究方法是合适的。鉴于此，本书将采用探索性案例研究方法和多案例研究方法构建起双重网络关系嵌入及其平衡、资源整合能力与创新绩效之间的系统理论框架，并提出各变量之间的各种关系假设，为后续的大样本调查打下基础。

3.2 研究设计

3.2.1 理论假设

在外部环境迅速变化、内部资源相对有限的情况下，企业创新普遍由“线性范式”转向“网络范式”（Escirbano et al.，2009），网络成为企业获取知识和创新资源的重要通道（Batt，2008；Fu & Zhang，2012）。与普通企业相比，外向型企业呈现出既嵌入本土网络又嵌入海外网络的“双重网络嵌入”特征。

在本土网络中，产业链上各环节的本土企业和相关机构众多，蕴含着丰富的和获得性较强的各类资源（邬爱其，2004），它们是外向型企业获得外部规模经济和本土知识溢出的重要源泉（Whittington et al.，2009）。在海外网络中，外向型企业能够在更广阔的地理范围内接触到更高知识位势的多元化主体，获取来自全球各地的异质性信息和高价值知识（邬爱其，2009）。虽然本土网络嵌入和海外网络嵌入都能一定程度地提升外向型企业的创新活动绩效，但同样也存在一些负面影响：如果过度嵌入本土网络，企业可能面临信息同质化以及创新能力刚性等问题（魏江、徐蕾，2014；王核成等，2016）；如果过度依赖海外网络，企业又可能损失内部网络中低成本知识搜索的便利（黄林、朱芳阳，2018），有时搜索到的知识的可靠性也难以保证（Haas & Hansen，2005）。为了尽可能地发挥本土网络和海外网络的优势，避免其劣势，外向型企业最好能平衡地嵌入双重网络，使企业既能同时具备“探索”和“利用”两种创新能力，又能避免陷入某一极端的风险（王雷、池巧珍，2014；刘霞 等，2019）。

企业资源整合能力与企业网络密不可分，网络和合作伙伴是企业资源整合能力的重要来源和保证。跨公司的研发合作、策略联盟对企业的资源整合能力有深刻的影响，企业嵌入外部网络的程度越深，资源整合能力越强。各类技术资源、制造资源和创新知识的分布和配置呈现出分散的特性（Teece，2000），企业需要及时地将各类资源整合起来才能进行创新行为并取得战略优势。资源整合能力既可以促进企业对外部新技术和新知识的吸收，同时也可以保证新技术和新知识在企业内部的传播，对企业创新大有益处（Van den Bosch et al.，1999；Lane，1998；党兴华 等，2013）。

基于以上论述，本书提出案例分析的理论预设架构（如图 3-1 所示）。

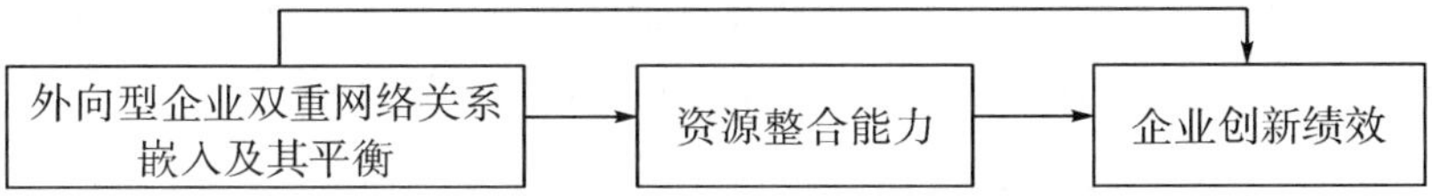

图 3-1　案例分析的理论预设架构

3.2.2　案例选择

大多数学者认为采用多案例研究方法时，选择 4~10 个案例是较为合适的（Siggelkow，2007），因此本书选择了 4 个企业作为探索性案例研究对象。具体选择标准如下：①案例企业选择的都是重庆市外向型制造企业，可以有效避免不同地区、不同产业类型所带来的差异性，在一定程度上降低外部变异性；②选取案例企业时兼顾样本的典型性和数据、信息的可获得性，以在提高样本信息有效性的同时降低调研成本；③为了确保能够获取所需数据，选择的案例企业存续年限必须在 5 年以上，且具有不同的企业规模。

3.2.3　数据收集

在案例资料收集过程中，本书遵循以下步骤：

（1）通过案例企业的网站、年报、行业资讯、主流媒体报道等途径收集相关的二手资料，以形成对案例企业较为全面的了解。

（2）通过企业员工培训和资讯服务等多种途径，与熟悉企业运作的员工进行开放式访谈；并通过查看企业内部报刊、工作手册等方式，进一步深入了解企业的经营状况。

（3）在对已有资料进行整理的基础上，列出访谈提纲，与案例企业的高层管理人员进行半结构化的深度访谈。为确保高层管理人员对企业的外部联系情况和工艺水平有足够的认识和了解，他们必须是在企业建立之初就在职的人员。

（4）访谈结束后，及时对访谈记录进行内容整理和逻辑归类。如有不清楚的地方，再与访谈者进行沟通，补充所需资料，并对访谈中的重要信息进行再一次确认和核实。

3.3 案例企业简介

遵循案例研究的惯例，本书没有公布企业的具体名称，而采用字母代号和所处行业代替（Yin，2003）。4 个案例企业的基本情况如下：

3.3.1 A 通用机械企业

A 通用机械企业创建于 1993 年，2012 年登陆 A 股市场。其总部设立于重庆，员工 9 000 余名，在全国各地拥有 20 余家控股公司和参股公司，2017 年位居中国企业 500 强之列。

企业业务涵盖摩托车及发动机、通用机械、商用发电机、汽车零部件、航空装备和电动化终端产品等领域，产品畅销全球 80 多个国家和地区，各业务销售规模均处于行业前列。2019 年，公司通用机械出口创汇稳居行业榜首；摩托车产销量排名行业前两位，出口创汇位居行业榜首，发动机销量位居行业前两位。

A 通用机械企业于 2019 年当选为第一批重庆制造业龙头企业，与当地的专业化供应商、服务商、金融机构、政府部门等有着紧密的联系。2005 年以来，该企业先后与德国宝马、意大利 CMD、意大利 MV 奥古斯塔等国际知名企业建立了稳定的长期战略合作关系，海外联系广泛而紧密。

该企业通过了 ISO9001 体系认证、ISO14001 体系认证、IEC17025 体系认证，获得了中国国家强制性产品认证证书、国际摩联授予的“MOTO GP 制造商执照”、欧 V 认证证书等。旗下的摩托车检测中心和通机检测中心得到了 CNAS 国家实验室认可，通机检测中心还获得了 ILAC 国际互认标识，签发的报告在包括美国、德国、日本在内的 54 个国家和地区得到有效认可。

3.3.2 B 笔电代工企业

B 笔电代工企业所属的集团公司成立于 1975 年，现为台湾名列前茅的 IT 公司，全球员工数万人，年营业额在 100 亿美元以上，主要产品包括笔记本电脑、服务器、软件、无线装置等。集团公司具备 BTO 及 CTO 能力，从研发设计、生产、配送到技术支援，能为客户提供 ODM、JDM、CM 等合作模式，数十年来充当着全球顶尖品牌客户的坚强后端。B 笔电代工企业作为集团公司下设的笔记本电脑的重要生产基地，2010 年成立于重庆西永综合保税区，有员工 10 000 余人，主要为惠普、东芝等品牌商做笔记本电脑整机的代加工，产品销往世界各地。

随着 B 笔电代工企业进驻重庆，大量以前为其配套的外地企业也纷纷入渝，形成了较为完整的产业链。同时，B 笔电代工企业也采取本地化策略，吸引了一批重庆本土企业为其提供配套产品及服务，降低了采购成本，形成了梯度层次明显、产业结构合理的布局。

B 笔电代工企业近年来发展势头良好，2019 年入选重庆企业 100 强名单，入选中国出口企业 200 强，并当选为第一批重庆制造业龙头企业。

3.3.3 C 农业机械企业

C 农业机械企业是一家致力于研发、生产、销售通用汽油机、通用柴油机、农业机械等终端产品的股份制企业。该企业成立于 2003 年，位于重庆市江津区珞璜工业园，现有正式员工 600 余人，工厂厂房总面积 4 万余平方米，拥有现代化的装配流水线，检测、钣金加工、精密机加工等设备。

C 企业主要产品年产量为 40 余万台，年产值达 3 亿元，出口创汇近 3 000 万美元。其中产销微耕机系列产品 15 万余台，出口量连续 5 年位居全国前茅，产品远销美国、欧盟、加拿大、俄罗斯、南非、泰国、越南、印度尼西亚等 70 多个国家和地区。该企业获得重庆市政府授予的“出口基地”和“出口畅销品牌”称号。

C 企业的系列产品陆续通过 CE 欧洲安全认证、GS 德国安全认证、EC 欧洲排放认证、EPA 美国排放认证、ROHS 认证（欧盟有害物含量认证）、CARB 美国加州排放认证、CSA 北美安全认证等，以卓越的产品质量和优质的售后服务深受用户喜爱。C 企业拥有“重庆名牌产品”“重庆市通机出口基地企业”“市政府重点扶持的出口畅销品牌”“农业机械全国用户满意品牌”“国家高新技术企业”等多项荣誉。

3.3.4 D 电子配套企业

D 电子配套企业是一家专业从事电子和塑料产品的研发、生产、销售和模具制造的生产企业，成立于 2012 年，位于重庆两江新区核心地带，现有员工近300人，厂房面积14 000余平方米，拥有生产打印机、显示器、一体机、通信设备、家电等消费性电子产品的注塑设备、组装线体。

该企业是富士康、惠普、英业达、广达、建汉、海尔、旭硕、惠科的一级供应商，是重庆首家进入IT配套领域的国有控股企业，且是出口创汇型企业，年均创汇收入3 000余万美元。该企业连续8年被重庆市政府认定为“重点电子配套企业”，连续6年被重庆市两江新区管委会评为“AA级重庆市劳动关系和谐企业”，2013年被重庆市海关认定为合法经营A类企业。

该企业建立和通过了GB/T24001-2004《环境管理体系》、GB28001—2011《职业健康安全管理体系》、GB/T19001—2015《质量管理体系》、ISO/TS16949：2009《汽车行业质量管理体系》、QC080000《有害物质过程管理体系》。

3.4 案例分析

3.4.1 双重网络关系嵌入

在本土网络和海外网络的划分问题上，本书借鉴了Andersson和Forsegern（1996）、彭伟等（2017），李杰义和闫静波（2019）等以一国领土为边界的划分方法。本土网络关系是指外向型企业与本土价值链上主体企业之间（商业网络）以及与本土教育研究机构、科技服务机构之间（技术网络）的连结关系。海外网络关系是指外向型企业与海外价值链上主体企业之间（商业网络）以及与海外教育研究机构、科技服务机构之间（技术网络）的连结关系。

关系嵌入主要分析网络内部各主体之间相互连接的二元性关系特征，例如信任、互惠、合作等（Granovetter，1992；Uzzi，1997）。Granovetter（1983）使用互动频率、关系密切度、感情深厚度、互惠交换频率等维度来衡量关系嵌入的程度，Uzzi（1997）又在此基础上提出关系嵌入由信任、信息共享、共同解决问题三个维度构成。目前，大部分文献都将关系嵌入视为一个连续变量，用关系强度对其进行测量（Andersson et al.，2002）。本书参照Granovetter（1992）、Uzzi（1997）的研究结果，从信任、交流频率和关系持久度三个维度分别测量外向型本土网络关系嵌入和海外网络关系嵌入的程度。

3.4.1.1 A通用机械企业

A通用机械企业在几十年的时间里从一个民营小企业发展成为世界级的动力制造商，这与其在本土市场上的深耕运作密不可分。A企业在发展过程中积极与本土高校、科研院所和科技服务机构结成战略合作伙伴，广泛开展技术研究、科技创新项目合作，并建立了国家级技术中心。A 企业非常重视与高校、科研机构的信息交流、沟通，及时了解行业技术的最新动态，并与科研机构等组成联合技术团队，共同攻克技术难题，加强企业自主创新能力建设，使产品技术不断更新换代。A 企业还高薪聘请知名管理咨询公司建立起一套完整的企业管理体系，规范生产流程。在商业运作方面，A 企业与本土客户和供应商保持了良好密切的关系：一方面通过在各地举办营销会和定时访谈了解大客户的需求，在产品性能改进上积极征求大客户的意见；另一方面通过建立科技园使配套厂商都集中在自己周围，既稳定了供应链，又降低了采购成本。随着 A 企业逐步确立了发动机行业的龙头地位，它在本土网络的关系嵌入程度越来越深。

A 企业不仅深耕本土市场，还积极向外拓展，不断融入海外市场，致力于给全球用户提供终端产品的高效能成套解决方案。2005 年，A 企业成为 BMW 大排量发动机全球供应商和战略伙伴。在合作过程中，A 企业自身的技术能力和质量管理水平不断提升，逐步掌握了世界先进的制造工艺。2017 年，A 企业控股了意大利 CMD 公司，进入航空发动机领域，并于 2019 年通过 CMD 公司的牵线与世界顶级摩托车品牌之一——MV 奥古斯塔签署了项目合作协议，实现了双方在产品技术上的共享。A 企业产品畅销全球 80 多个国家和地区，为此专门设立售后服务部门，加强与国外大客户的沟通和联系，及时了解客户的需求并做出回应。A 企业为了更贴近海外销售市场和降低生产成本，还在越南设置了自己的生产加工厂。由此可见，A 企业海外网络的关系嵌入较强。

3.4.1.2 B 笔电代工企业

B 笔电代工企业是其集团公司下设在重庆的笔记本电脑制造基地，其产品研发和业务承接都主要依靠集团公司总部。B 企业所属集团公司总部位于台湾，一直以顾客需求为导向、以全球营运为第一考量，将整个集团及全球布局的力量发挥到极致。为了降低生产成本和贴近消费市场，集团设有上海浦东厂、重庆厂、美国 Houston 厂、墨西哥 Juarez 厂、捷克 Brno 厂等，在硅谷、北京、奥斯丁、天津、休斯顿、西安、东京等地设有营运点。集团公司长期为惠普、东芝等品牌商做笔记本电脑整机的代加工，产品销往世界各地。集团也非常重视与海外高校及高科技公司合作，曾与 Affirmed Networks 合作开发 5G 智能制造解决方案；与日本丰田公司联合开展员工培训活动，大力推展“精益管理”。可见，B 企业所属集团公司与海外价值链上的企业、客户以及海外科研机构、科技公司、培训咨询机构等都保持了非常好的关系。

B 企业所属集团公司于 2017 年加入了中国科技自动化联盟，与台湾高速网络与计算中心、清华大学、台湾科技大学、台湾交通大学及相关研究机构进行了产学研的深度合作，联合开展创新发明和技术转让，将企业的市场需求和高校院所的科研成果实现高效对接，在物联网、大数据分析、区块链、人工智能等领域获得了重要的技术突破。为更好地服务于需求日益提高的客户，集团公司还与万国数据签订了战略合作协议，以充分发挥各自优势，加强产业上下游领域的协同创新。除了技术合作以外，集团公司在本土设有三大营运中心（北京、天津、西安）、两大研发中心（桃园、天津），以及五大基地（台湾、上海、重庆、南京、南昌）。

B企业进驻重庆以后，带动了沿海大批的配套企业落户重庆，再加上重庆的本土企业为其提供配套服务及产品，目前已形成了较为完整的产业链。B企业生产所需80%的零部件都实现了在重庆本土采购。B企业在2019年当选为第一批重庆制造业龙头企业。

由此可见，B企业所属集团公司在本土技术网络和商业网络中的关系嵌入都很良好，B企业与重庆本地供应链上的配套企业也保持了很好的关系。

3.4.1.3 C农业机械企业

C农业机械企业坚持产品持续创新，注重技术的自主研发，积极与本土高校、科研院所开展技术合作，与重庆理工大学合作成立了“农机研究所”，建立了重庆市科学技术局认证的“重庆市丘陵山区耕整地机械工程技术研究中心”，并获得了“重庆市科学技术进步奖”。C企业在国内大中型城市建立了上百家销售网点和售后服务中心，和大客户保持了密切的联系，随时能了解客户的需求。C企业的农机产品主要依靠自身力量进行组装生产，绝大部分零配件都在本地采购，和本土供应商保持了良好的合作关系。作为重庆较为知名的农机生产商，C企业经常通过参加国内行业展会、行业交流会等方式与本土的同行就技术发展、营销手段等展开沟通。C企业与本土网络中的高校、科研机构、客户、供应商、同行竞争者都保持了良好的关系。

C企业在海外市场的关系嵌入上主要表现在三方面：一是其生产所需的小部分零部件需要从国外进口，有较固定的海外供应商；二是其产品远销美国、欧盟、加拿大、俄罗斯等70多个国家和地区，年出口额占到总营业额的60%，拥有广泛的海外用户；三是它与世界知名公司开展合作，开发的新产品轻巧、操作方便，深受市场的青睐。但目前来看，C企业与海外市场最大的联系还是产品出口，在研发、技术等其他方面与海外市场的联系还显得略微薄弱。

3.4.1.4 D电子配套企业

D电子配套企业隶属的集团公司是大型国有企业，总资产超35亿元，主要从事军工装备、能源计量、能源装备、精密模塑四大生产业务。集团公司有员工近 3 000 人，科技人员近 700 人，拥有强大的技术开发能力和研制能力。D 企业利用集团公司成熟的精密模塑技术及装备优势，顺利进入 IT 配套领域。集团公司大力实施科技创新，深入开展厂校合作、厂所合作；利用集团公司先进的科技研发平台，D 企业也在注塑零件生产、模块化生产、磨具开发上不断进行工艺革新，提升产品质量。D 企业和本土价值链的上下游企业展开了广泛的交流和合作，目前已经由单一零件加工配套企业成长为模块化产品供应商，由单一的零部件配套企业发展为 IT 配套产业、家电产业、汽车产业、5G 通信等相关产业的多元化企业。

D 企业在成立之初就明确定位于 IT 配套企业，2012 年成为富士康一级供应商，2013 年成为惠普、台湾建汉一级供应商，2014 年成为英业达一级供应商，2015 年成为广达一级供应商，2017 年成为海尔、旭硕一级供应商，2018 年成为惠科一级供应商，还为思科、戴尔做过供应商。D 企业与众多世界知名企业建立了配套关系，并在产品质量控制、成本控制、经营效率控制等方面按照这些企业的要求进行生产，积累了不少先进的生产经验，提高了企业的管理水平。但由于 D 企业仅仅是配套企业，无法接触到更高层次的营销和研发，在海外网络中的关系嵌入程度比较薄弱。

3.4.2 资源整合能力

资源整合是一个复杂的动态过程，是指企业对不同来源、不同层次、不同结构、不同内容的资源进行选择、汲取、配置、激活和有机融合，使之具有较强的柔性、条理性、系统性和价值性，并对原有的资源体系进行重构，以形成新的核心资源体系的过程（Hitt et al., 2001；董保宝 等，2011）。资源整合能力的提升是伴随着企业资源整合过程进行的，分为两个维度：一个是企业面向外部的能力，包括资源识别能力和资源获取能力；另一个是企业内在资源组合与使用的能力，包括资源配置能力和资源利用能力。资源识别是企业创新发展的重要前提；资源获取是企业核心竞争力提升的重要保障；资源配置是资源整合的中心环节（获取的资源能否具有价值取决于如何配置）；资源利用将最终决定资源能否发挥其最大效能，创造新价值（Brush, 2001）。据此，本书从资源识别能力、资源获取能力、资源配置能力和资源利用能力四方面来描述企业的资源整合能力。

3.4.2.1 A 通用机械企业

在逐步成长为行业龙头企业的过程中，A 通用机械企业的资源识别能力和资源获取能力起到了关键作用。21 世纪后，A 企业充分认识到自身在技术和管理上与世界领先摩托车企业相比还存在较大差距，于是开始尝试获取海外资源以提高自身实力。从 2005 年开始，A 企业成为宝马全球战略合作伙伴，先后与宝马合作了多个产品项目。正是在宝马这位“老师”的带动下，A 企业逐渐掌握了国际先进的工艺制造技术，建成了代表摩托车及发动机全球最高水平的制造工厂，在技术水平、产品质量、企业竞争力上都取得了明显的进步。同时，在发展过程中 A 企业也积极与本土高校、科研院所结成战略合作伙伴关系，及时了解行业技术的最新动态，并与知名咨询公司合作，尽可能获取行业变迁、市场变化等多方面的资讯，始终保持着对资源识别和获取的灵敏性。

A 企业从外部获取资源后，也非常重视对获取资源的配置和利用。A 企业建立了企业内部定期的新技术介绍和分享制度，倡导全员学习，在整个企业中形成了良好的学习氛围。通过新技术介绍和分享会，员工之间相互分享、交流学习心得，使外部获取的新知识在企业内部广为传播。A 企业如今拥有国家级技术中心和一支由 800 多名科技人员组成的研发队伍，每年的技术研发投入达到营业收入的 3%左右，能够很快地将了解和掌握的新知识、新信息运用到传统技术的改造上，并实现自主创新和自主研发，不断提升自身的创新能力，增强企业竞争优势，保证企业处在良性的成长道路上。

由此可见，A 通用机械企业的资源识别能力、资源获取能力、资源配置能力和资源利用能力都很强。

3.4.2.2 B 笔电代工企业

B 笔电代工企业所属集团公司是世界上最大的电子代工企业之一，具有很强的外部资源识别和获取能力，能够及时发现行业的重大变化并迅速做出反应。集团公司早期主要从事电话机代工生产，随着电子行业的快速发展，集团公司清醒地认识到笔记本电脑将成为未来人们生活工作的必需品，开始转型从事笔记本电脑的生产。集团公司凭借强大的生产能力和低成本运作逐渐成为惠普、东芝等品牌商最大的代工企业之一，从品牌商手中获得了大量的技术信息和行业资讯。21 世纪后，集团公司通过和世界领先 IT 品牌商以及国内外高校及科研机构的深度合作，继续保持了敏锐的资源识别能力和资源获取能力，不断引进外界先进技术，壮大自身实力，除了继续从事计算机等产品生产之外，开始拓展多媒体及通信等产品，积极投入云计算、无线通信、智能装备及物联网等高科技产品的领域。

集团公司非常重视培养自身的研发能力，先后成立台北研发中心、AI 研究中心等，每年投入的研发费用将近 3 亿美元。为提升外部资源的价值效益，集团公司一直致力于打造学习型组织，通过实体和网络举办各种管理职能以及市场趋势分析等主题课程和专业技术训练课程，并组织集团跨界的技术交流研讨会等，不断提升员工专业素养和技能；还建立了互动式宣导网站，设计分层分级的培训机制，设立优越的奖励机制，鼓励员工针对公司关注的领域不断学习、不断创新。在创新至上的理念下，集团公司与外界先进厂商及咨询公司在对光学检验设备进行大数据分析与机器深度学习的基础上，合作开发了自动化系统，自主研发了 MES 生产系统与物联网系统，并连续 20 年位居台湾发明专利申请前十名。对资源的合理配置和利用，推动了整个集团的智能制造水平，挖掘并满足了客户的潜在需求，不断提升了企业的制造竞争力。

由此可见，B 笔电代工企业所属的集团公司的资源识别能力、资源获取能力、资源配置能力和资源利用能力都很强。

3.4.2.3　C 农业机械企业

C 农业机械企业在成立之初定位于通用机械和终端农用机械产品生产商，但经过几年的发展，C 企业敏锐地发现国外市场对微耕机的需求巨大，而当时市面上的微耕机在动力配备上均存在不足，很难适应恶劣的农田作业环境。于是 C 企业就此进行了多年的探索，与重庆理工大学合作成立了山地农机研究所，研发出合适的汽油和柴油动力装备来装配微耕机，并很快获得 EPA 认证（美国排放认证）、CE 认证（欧盟排放认证）、CARP 认证（美国加州排放认证）、ROSH 认证（欧盟有害物含量认证），产品迅速畅销欧美等发达国家和地区。企业生产的微耕机系列产品出口量一直位居重庆市前茅，出口创汇近 3 000 万美元，成为重庆市出口畅销品牌。之后，C 企业又与国际知名公司合作，引入国外农机生产的新技术和新工艺，生产出的产品轻巧便利，在国内外市场都有很好的销售业绩。与此同时，C 企业引进了众多先进的试验检测设备及完善的检测手段，这更为产品品质的可持续提升奠定了基础。可见，C 企业的资源识别和资源获取能力较好。

C 企业一直重视人才培养，努力为员工创造有发展机会的工作环境和氛围。C 企业从外部同行企业和咨询公司引进了一些好的办法和制度来激励员工持续学习和创新，不断挖潜员工的创造性，让每位员工有机会发挥自己的聪明才智。目前 C 企业拥有各类专职研发技术人员 66 人，其中本科以上学历超 90%，中高级职称占 15%，更外聘了两名重庆市著名高校教授作为兼职专家。C 企业注重自主研发，坚持产品持续创新，已掌握核心专利技术 100 余项，很多产品的多数关键部件均采用自制方式进行生产，包括微耕机的行走箱、传动箱、扶手架等，产品质量稳定提升。企业组建了科技研发中心，拥有一套高技术含量的研发创新、试验检测、产品制造、成果转化的基础设施和装备软件系统，以承担开发新产品、新技术、新工艺等方面的技术和落实工作。可见，C企业的资源配置和资源利用能力良好。

3.4.2.4　D电子配套企业

2009年，随着惠普、宏基等电脑品牌商以及六大笔电代工厂入驻重庆，重庆笔电外销基地初具规模。D电子配套企业所属的集团公司意识到为笔电整机配套蕴含着巨大商机，遂成立了D企业，这就意味着D企业的成立是其集团公司进行资源识别的一个结果。D企业成立之后，凭借成熟的精密模塑技术及装备优势主要进行电子和塑料产品的加工。D企业先后与富士康、惠普、建汉、英业达、广达、海尔、旭硕等整机生产商联系沟通，了解它们需要的配套产品种类以及对配套产品的工艺和技术要求，并严格按照整机生产商的要求，在产品质量、生产工艺和生产成本上苦下功夫，进而顺利成为整机生产商的一级供应商。目前D企业在做大做强IT配套产业的同时，也通过参加行业交流会等方式横向拓展新客户，已涉足医疗、安防等行业。可见，D企业在拓展客户上具有一定的识别能力和获取能力，但主要是以自身已拥有的技术工艺为客户提供产品，在新技术、新知识的获取上还比较有限。

D企业“坚持内部培养为主，外部培养并重”的人才培养思路，比较重视内部员工对新技术、新知识的学习，目前拥有专职技术人员45人，主要对生产工艺进行监督和控制。目前，D企业的产品正从最初的单一加工零件逐步向模块化产品转化，企业也计划在未来几年整合自有资源开发自主产品，但现有的自主创新能力、资源配置能力和利用能力都还比较薄弱，有待进一步提高。

3.4.3　创新绩效

创新绩效的衡量指标比较丰富，主要分为两类：一类是制定与研究相关的题项，通过对研究对象企业发放调查问卷来获取比较主观的数据（林筠 等，2016；刘学元 等，2016）；另一类是通过对企业公开数据进行收集形成比较客观的依据，主要包括研发投入、专利数量、新产品销售情况等指标（Shafique，2013；邹双、成力为，2017；黄建新、李孟珂，2020）。本书是对案例企业进行研究，故采用研发投入、专利数量以及新产品开发情况作为衡量企业创新绩效的指标。

3.4.3.1　A通用机械企业

A通用机械企业坚持“清洁动力系统服务提供商”的战略方向，充分研究和满足消费者需求，以技术为牵引，依靠“低排放、低油耗”的低碳技术优势，为用户提供终端产品的高效能成套解决方案。近年来，A企业坚持以技术引领变革，以创新驱动发展，每年投入的技术研发费用达到营业收入的3%左右，目前已累计取得国外有效专利82项，国内有效专利1 695项，国内有效发明专利200项，实用新型专利578项，在行业内位于前列。“发电机逆变倍频方法和装置”和“通用汽油机”两项发明专利技术创新成果获得了美国专利及商标局授权。2016年，A企业还获得了“国家知识产权示范企业”称号。在重庆市专利创新百强企业中，A企业依靠强大的实力进入重庆市专利创新企业前10强，位列第7名。

这些专有技术不断转化为新产品，在提升企业产品质量、降低生产成本、实现产品差异化等方面产生了持续、显著的效果，为A企业带来了较高的销售额和丰厚的利润。可见，A企业的创新绩效较好。

3.4.3.2　B笔电代工企业

B笔电代工企业所属集团公司在创立之初就明确“创新”是企业的基本精神，因此特别重视创新研发及创新发明专利。集团公司鼓励员工进行创新发明，平均每5名工程师当中就至少有1人曾进行专利申请。集团公司连续20年以上为台湾地区发明专利申请前10名，连续14年以上在中国大陆专利获证为台湾同业厂商前3名。截至2020年12月，集团公司全球专利获证数超过16 200件，申请中的专利数逾千件。集团公司于2019年荣获中国大陆知识产权优势企业、资诚（PwC）全球创新500强企业，2020年荣获IPR Daily近5年“车联网智能路侧”发明专利排行全球前100大企业，荣获美国专利获证数全球1 000强企业。B笔电代工企业在2020年荣获重庆市知识产权优势企业。

B企业所属集团公司拥有的专利及开发的系列新产品为公司提供了很好的销售收入和利润来源，不断提升了公司在国际间的竞争力和影响力。可见，B企业所属集团公司的创新绩效很好。

3.4.3.3　C农业机械企业

C农业机械企业是高新技术企业，掌握产品核心专利技术100余项，4项国家发明专利。C企业一直注重自主研发，坚持产品持续创新，很多产品的关键部件均采用自制方式进行生产，包括微耕机的行走箱、传动箱、扶手架等，其微耕机的研发和生产在全国都处于领先水平。其“丘陵山区农业机械优化设计技术”获得重庆市科学技术进步二等奖，并荣获“中国内燃机行业排头兵”称号。企业生产的微耕机系列产品的出口量一直位居重庆市前茅，为企业带来了丰厚的回报。

C 企业通过自主研发、技术提升、拓宽产品类别和延长产品线，使企业的收入规模、市场占有率不断上升。可见，C 企业的创新绩效良好。

3.4.3.4 D 电子配套企业

D 电子配套企业主要是利用现有注塑设备和热熔、丝印、超声波焊接、埋钉、烫金、组装等较成熟的生产工艺，按照客户的需求，生产打印机、显示器、一体机、通信设备、家电上所需的塑料零部件等，属于常规的生产，缺乏核心技术和专利技术。虽然 D 企业也计划在未来几年中利用自有资源开发自主产品，但从目前来看创新绩效较差。

3.5 案例间比较分析

3.5.1 数据信息编码

在梳理各案例企业基本状况的基础上，本书根据案例企业的实际情况对企业双重网络关系嵌入、资源整合能力和创新绩效进行评判和打分，以便归纳出三者间的逻辑关系。本书采用“很差、较差、一般、较好、很好”五个等级依次表现三个变量在不同案例企业中的水平。打分之后，再次请被访谈者进行审核和修正，结果如表 3-1 所示。

表 3-1 案例企业的双重网络关系嵌入、资源整合能力与创新绩效

企业	双重网络关系嵌入		资源整合能力				创新绩效
	海外网络	本土网络	识别能力	获取能力	配置能力	利用能力	
A 通用机械企业	很好	很好	很好	很好	很好	很好	很好
B 笔电代工企业	很好	很好	很好	很好	很好	很好	很好
C 农业机械企业	一般	较好	较好	较好	一般	较好	较好
D 电子配套企业	一般	较好	较好	较好	一般	一般	一般

3.5.2 双重网络关系嵌入及其平衡与创新绩效

在 3.2.1 的理论预设中，本书认为外向型企业双重网络关系嵌入及其平衡对其创新绩效存在显著的正向影响，对案例企业进行的探索性研究也从实践方

面支持和细化了相应的理论预设（如图 3-2 所示）。

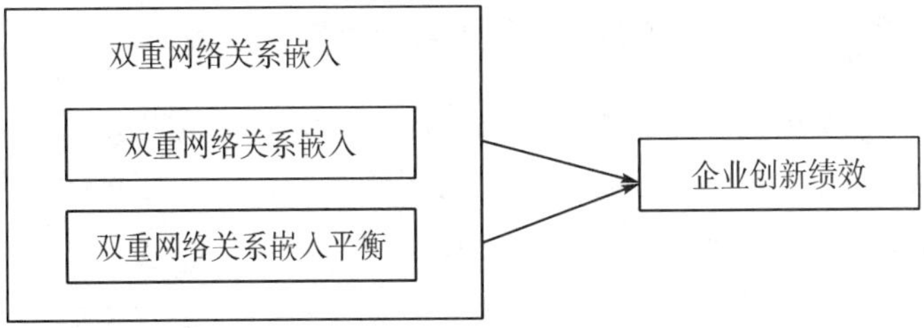

图 3-2　双重网络关系嵌入与创新绩效

本书的探索性案例都表明外向型企业平衡地嵌入海外网络和本土网络与企业创新绩效呈现出正相关关系。

A 通用机械企业于 1993 年成立，1998 年生产出第一台摩托车，2004 年获得“中国驰名商标”和“中国名牌”称号，其间主要是积极嵌入本土网络，与本土高校、科研院所和科技服务机构结成战略合作伙伴关系，广泛开展技术研究、科技创新项目合作，并建立了“国家级技术中心”。2005 年以后，A 企业在兼顾本土网络的同时，开始努力嵌入海外网络，成为 BMW 大排量发动机全球供应商和战略伙伴，并控股了意大利 CMD 公司，还与世界顶级摩托车品牌之一——MV 奥古斯塔实现产品技术上的“共享”。在不断嵌入本土网络和海外网络的过程中，A 企业的业务领域得到较大拓展，从单一的摩托车生产业务发展到电动车、无人机、通用航空发动机等领域，并且摩托车生产也逐步往高端发展。A 企业自身的技术能力和质量管理水平也得到了极大的提升，获国外有效专利 82 项、国内有效专利 1 695 项，在行业内位于前列。B 笔电代工企业所属集团公司在成立后不久就确定了为世界品牌做代工这条路。1988—1998 年，在为惠普、东芝等品牌商做笔记本电脑整机代加工的过程中，集团公司合理利用海外网络的优势，不仅获得了最新的设备，还学到了先进的生产、管理经验，在物流和成本控制上基本符合了国际要求。在继续做代工的同时，集团公司在 1998 年以后成立了自己的研发中心，并与台湾研究院高速网络与计算中心、清华大学、台湾科技大学、台湾交通大学及相关研究机构进行了产学研的深度合作，联合开展创新发明和技术转让，在物联网、大数据分析、区块链、人工智能等领域获得了重要的技术突破，集团公司的全球专利获证数超过 16 200 件，于 2019 年荣获中国大陆知识产权优势企业。

因此，本书提出如下假设命题：

命题 1：外向型企业双重网络关系嵌入对其创新绩效具有正向影响。

命题 2：外向型企业双重网络关系嵌入平衡对其创新绩效具有正向影响。

3.5.3 双重网络关系嵌入及其平衡与资源整合能力

在 3.2.1 的理论预设中，本书提出外向型企业双重网络关系嵌入及其平衡对资源整合能力存在显著的正向影响，对案例企业进行的探索性研究也从实践方面支持和细化了相应的理论预设（如图 3-3 所示）。

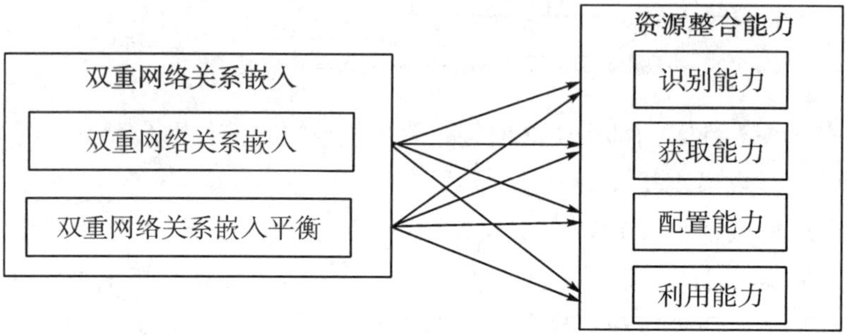

图 3-3 双重网络关系嵌入与资源整合能力

本书的探索性案例都表明外向型企业平衡地嵌入海外网络和本土网络与企业资源整合能力呈现出正相关关系。

A 通用机械企业积极与海外知名公司合作，并与本土高校、科研院所结成战略合作伙伴，及时了解行业技术的最新动态，尽可能获取行业变迁、市场状况变化等多方面的资讯，始终保持着对资源识别和获取的灵敏性。A 企业建立了企业内部定期的新技术介绍和分享制度，倡导全员学习，在整个企业中形成了良好的学习氛围。通过新技术介绍和分享会，员工之间相互分享交流学习心得，将外部获取的新知识在企业内部广为传播。A 企业如今拥有“国家级技术中心”，基本实现自主创新和自主研发，在资源配置和利用上都做得很好。B 笔电代工企业所属集团公司长期为世界知名品牌做代工，在海外设有多个营运中心和生产基地；也积极开展与本土高校及相关研究机构在产学研方面的深度合作，联合开展创新发明和技术转让。集团与海外价值链和本土价值链上的企业、客户、科研机构、科技公司以及培训咨询机构等都保持了非常好的关系。为了提升外部获取资源的价值效益，集团一直致力于打造学习型组织，在线上或线下开设各种管理职能、市场趋势分析等主题课程和专业技术训练课程并举办集团跨界的技术交流研讨会等，不断提升员工专业素养和技能，不断提高对外部资源的配置和利用能力，自主研发了 MES 生产系统与物联网系统，连续 20 年位居台湾发明专利申请前 10 名。C 农业机械企业在对外销售过程中敏锐地发现国外市场对微耕机的需求巨大，就与重庆理工大学合作成立了山地农机研究所，研发出合适的汽油和柴油动力装备来装配微耕机，其产品畅销 70 多个国家和地区，在资源识别和资源获取上表现出了较好的能力。C 企业从外部同行企业和咨询公司引进了一些好的办法和制度来激励员工持续学习和创新，不断挖掘员工的创造性，目前很多产品的多数关键部件均采用自制方式进行生产，资源配置和资源利用能力良好。

因此，本书提出如下假设命题：

命题 3：外向型企业双重网络关系嵌入对其资源整合能力具有正向影响。

命题 4：外向型企业双重网络关系嵌入平衡对其资源整合能力具有正向影响。

3.5.4 资源整合能力与创新绩效

在 3.2.1 的理论预设中，本书认为外向型企业资源整合能力对企业创新绩效存在显著的正向影响，对案例企业进行的探索性研究也从实践方面支持和细化了相应的理论预设（如图 3-4 所示）。

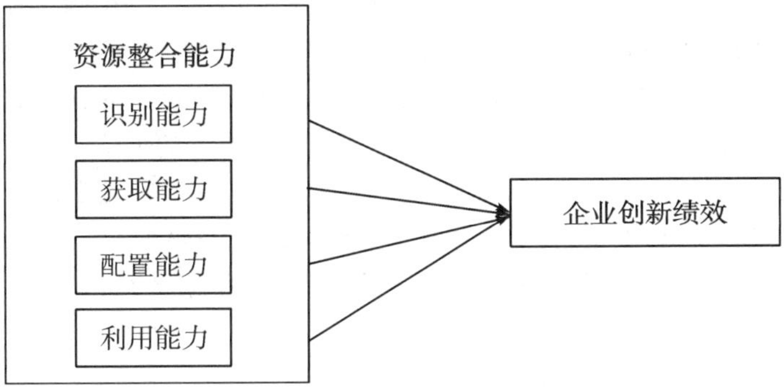

图 3-4　资源整合能力与创新绩效

本书的探索性案例都表明企业的资源整合能力与企业创新绩效呈现出正相关关系。

A 通用机械企业通过识别行业变迁、市场状况变化等多方面的资讯迅速做出相应反应，通过控股、收购等一系列行为进入无人机、航天装备以及高端摩托车领域，为企业拓宽了行业领域，创造了更多的创新绩效。B 笔电代工企业所属集团公司较早地预测到电子行业的快速发展，开始转型从事笔电的生产，迅速成为惠普、东芝等品牌商最大的代工企业之一；21 世纪后，集团公司继续保持了敏锐的资源识别能力和资源获取能力，不断引进外界先进技术，积极拓展云计算业务，进行无线通信、智能装备及物联网等高科技产品领域。C 农业机械企业敏锐地发现国外市场对微耕机的需求巨大，于是与重庆理工大学合作成立了山地农机研究所，研发出合适的汽油和柴油动力装备来装配微耕机，企业生产的微耕机系列产品出口量一直位居重庆市前茅。D电子配套企业所属的集团公司在2009年意识到随着惠普、宏基等电脑品牌商以及六大笔电代工厂入驻重庆，为笔电整机配套蕴含着巨大商机，遂成立了D企业。D企业成立之后，很快按照整机代工企业的要求生产出合格的产品，与代工企业建立了长期的供货关系。可见，企业的资源识别和资源获取能力对企业创新绩效是具有正向影响的。

A企业建立了企业内部定期的新技术介绍和分享制度，员工之间相互分享并交流学习心得，将外部获取的新知识在企业内部广为传播，能够很快地将了解和掌握的新知识、新信息运用到传统技术的改造上，并实现自主创新和自主研发，目前已累计取得国外有效专利82项、国内有效专利1 695项，在行业内位于前列。B笔电代工企业所属集团公司一直致力于打造学习型组织，在线上或线下开设各种管理职能、市场趋势分析等主题课程和专业技术训练课程，并举办集团跨界的技术交流研讨会，不断提升员工专业素养和技能；还建立了互动式宣导网站，设计了分层分级的培训机制以及优越的奖励机制，鼓励员工针对公司关注的领域不断学习、不断创新。集团公司连续20年位居台湾发明专利申请前10名。C农业机械企业从外部同行企业和咨询公司引进了一些好的办法和制度来激励员工持续学习和创新，不断挖掘员工的创造性，坚持产品持续创新，已掌握核心专利技术100余项，很多产品的多数关键部件均采用自制方式进行生产，包括微耕机的行走箱、传动箱、扶手架等，产品质量稳定提升。可见，企业的资源识别和资源获取能力对企业创新绩效是具有正向影响的。

因此，本书提出如下假设命题：

命题5：企业资源整合能力对其创新绩效具有正向影响。

3.6 概念模型和假设命题汇总

在结合现有相关文献的论点并对重庆四个外向型企业进行探索性案例研究的基础上，本书提出外向型企业“双重网络关系嵌入平衡对企业创新绩效影响机理”的概念模型（见图3-5）和假设命题（见表3-2）。

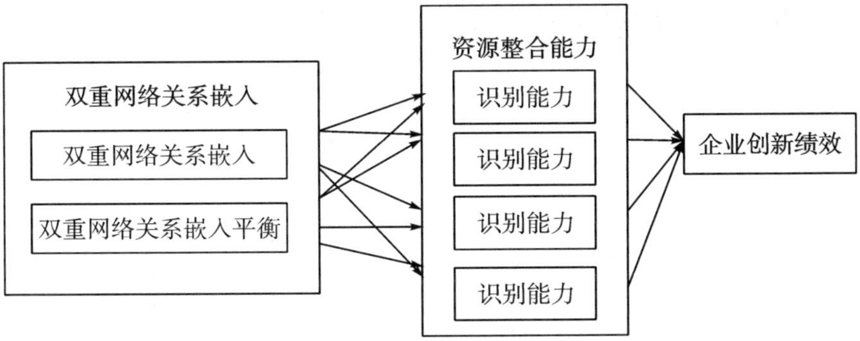

图 3-5 “双重网络关系嵌入及其平衡对企业创新绩效影响机理”概念模型

表 3-2 假设命题汇总

假设序号	假设内容
命题 1	外向型企业双重网络关系嵌入对其创新绩效具有正向影响
命题 2	外向型企业双重网络关系嵌入平衡对其创新绩效具有正向影响
命题 3	外向型企业双重网络关系嵌入对其资源整合能力具有正向影响
命题 4	外向型企业双重网络关系嵌入平衡对其资源整合能力具有正向影响
命题 5	企业资源整合能力对其创新绩效具有正向影响

3.7 本章小结

本章结合现有相关文献的论点，对重庆四个外向型企业进行了探索性案例研究，提出了外向型企业“双重网络关系嵌入及其平衡对企业创新绩效影响机理”的概念模型和假设命题，认为外向型企业双重网络关系嵌入及其平衡对企业的创新绩效具有正向影响，资源整合能力在这种影响中起到了中介作用。

4 模型构建与假设提出

4.1 研究思路

4.1.1 本书拟解决的问题

针对第 2 章提出的以往研究中有待解决的问题，结合第 3 章探索性案例的研究结果，本书将着重研究外向型企业双重网络关系嵌入及其平衡以及不同平衡模式对企业创新绩效的影响，主要聚集以下研究主题：

（1）对比研究外向型企业双重网络关系嵌入和双重网络关系嵌入平衡对创新绩效的影响

外向型企业必然嵌入本土和海外双重网络。本土网络中蕴含着丰富的本地信息和资源，海外网络中蕴含着丰富的异质性信息和资源，这两种网络对提升企业创新绩效各有好处，但如果过分偏重某一网络，很可能出现结构性风险，反而会限制创新绩效的提升。本书将对比分析双重网络关系嵌入和双重网络关系嵌入平衡发展对创新绩效的影响，找出双重网络关系嵌入平衡发展对创新绩效的重要作用，为后续双重网络关系嵌入平衡模式的分析做铺垫。

（2）探索外向型企业双重网络关系嵌入对创新绩效影响机制的“黑箱”

本书基于资源整合能力理论，将探讨外向型企业本土和海外网络关系嵌入以及二者的平衡关系对企业创新绩效的影响及其机理。利用网络关系嵌入可以有效获得外部知识资源和信息资源，但要将这些资源转变为企业的创新绩效，企业必须对资源进行有效整合。企业能否对知识资源进行有效整合是企业能否在竞争激烈的市场中获胜的关键。可见，资源整合能力是双重网络关系嵌入和企业创新绩效之间的一个非常重要、值得深入探讨的中间变量。这一研究有助于从资源整合的角度揭开双重网络关系嵌入和创新绩效之间关系的“黑箱”，拓展网络关系嵌入对创新绩效影响机理的研究，为网络关系嵌入“如何”影响企业决策绩效提供一种新的解释。

(3) 把外向型企业双重网络关系嵌入的互补效应和竞争效应都纳入了研究范畴

本书基于组织二元理论，在研究过程中把外向型企业双重网络关系嵌入对企业创新绩效的互补效应以及二者争夺企业资源对创新绩效产生的竞争效应都纳入了研究范畴。当企业资源较为丰裕时，双重网络关系嵌入不会因为资源约束产生竞争效应，更多会表现出互补效应；而当企业资源有限时，双重网络关系嵌入对资源的竞争效应会超过二者的互补效应，极可能对企业创新绩效造成负面影响。本书将对不同资源约束下的双重网络关系嵌入与创新绩效分别进行分析和验证。本书正视外向型企业双重网络之间复杂的匹配关系，研究结果会比前人只重视双重网络关系嵌入的互补效应更加全面、深入，有利于完善企业社会网络的相关研究。

(4) 导入情境因素研究双重网络关系嵌入不同平衡模式对创新绩效的影响

从短期看，资源约束的存在，很可能使某些外向型企业采用“同时平衡模式”、某些外向型企业采用“间断平衡模式”的状况发生。鉴于此，本书考察了不同平衡模式对企业创新绩效的影响。在短期考察时，本书选取会直接影响双重网络平衡模式的情境因素——企业规模和外部竞争激烈程度，分别研究不同特定情境下企业双重网络关系嵌入平衡的实现方式是否存在差异，以及“同时平衡模式”和“间断平衡模式”对企业创新绩效的不同影响。这一研究将进一步拓展组织二元理论在企业网络中的运用深度，也能丰富企业“网络嵌入—创新绩效”情境因素的研究。

4.1.2 本书的研究思路

本书的研究目标是以外向型企业为研究对象，探讨双重网络关系嵌入以及二者的平衡关系对外向型企业创新绩效的影响及其机理，并引入企业规模和市场竞争程度两个情境因素分别讨论不同情境下双重网络关系嵌入平衡的实现方式是否存在差异，以及不同平衡模式对企业创新绩效的影响。

基于此目标，本书首先构建“双重网络关系嵌入及其平衡—资源整合能力—创新绩效”的概念模型，一方面探寻外向型企业双重网络关系嵌入及其平衡对创新绩效的影响机理，另一方面对比双重网络关系嵌入和双重网络关系嵌入平衡对创新绩效的影响大小，这有助于突出双重网络关系嵌入平衡对创新绩效的作用，为后续深入讨论双重网络关系嵌入平衡模式的影响做铺垫。

从长期来看，外向型企业通常都有可能实现本土网络、海外网络嵌入的双元平衡发展；但从短期看，资源约束的存在，很可能使某些企业采用“同时平衡模式”、某些企业采用“间断平衡模式”的状况发生。而究竟采用哪种平衡模式，和企业自身状况和外部环境都有关系，必须引入一定的情境因素进行探讨。因此，基于第一个模型，本书选取企业规模和市场竞争程度作为调节变量，深入研究不同情境下企业双重网络关系嵌入平衡的实现方式，以及“同时平衡模式”和“间断平衡模式”对企业创新绩效的不同影响。

具体研究思路如图 4-1 所示。

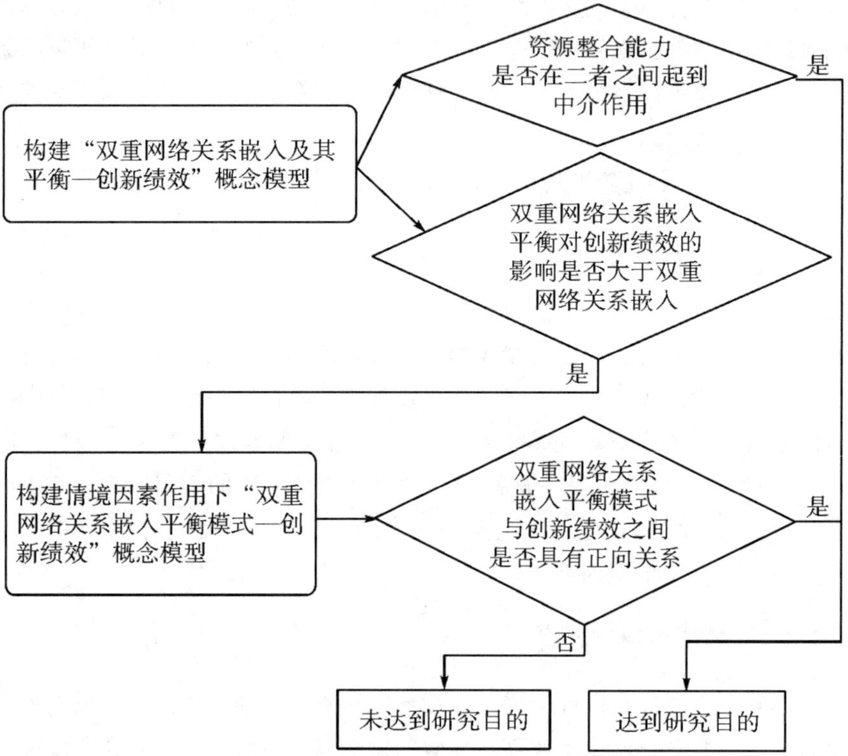

图 4-1　本书的逻辑框架

4.2 模型中的基本概念界定

4.2.1 外向型企业

外向型企业指建立在国内，以国外市场为主要销售场所的企业。外向型企业的基本特征是生产和经营必须面向国际市场，和国际接轨。在判断企业是否为外向型企业的问题上，曾浩然（1994）曾提出，企业的出口产品（劳务、技术）等收入是否占到企业销售额一定比例是衡量标准。但目前该比例的界定尚未达成一致，有的规定为30%以上，有的规定为50%以上。在我国，有产品出口的对外经营企业都被称为外向型企业。

我国外向型企业可分为加工贸易型企业、一般出口型企业和跨国经营型企业。其中，加工贸易型的代工企业所占比例最大。代工企业主要利用劳动力成本低的优势参与国际分工，为发达国家的企业进行贴牌、定牌生产，处于价值链的中低端环节。一般出口型企业通常拥有自主品牌和一定的自主研发能力，通过自建的营销渠道在国外销售自己的产品，利润较为可观。跨国经营型企业是外向型企业的最高等级，通过对外直接投资在世界各地设立分支机构或子公司，从事国际化的生产和经营活动。

4.2.2 外向型企业双重网络关系嵌入

外向型企业建立在国内，销售在国外，因而在嵌入海外网络方面具有天然优势，呈现出海外网络嵌入性和本土网络嵌入性的双重特征（Andersson & Forsgren，1996）。Andersson 和 Forsegern（1996）、彭伟等（2017）、李杰义和闫静波（2019）等都以一国领土为边界，将外向型企业的外部网络划分为本土网络和海外网络。本书把外向型企业既嵌入本土网络又嵌入海外网络的现象定义为外向型企业双重网络关系嵌入。它反映的是外向型企业在地理空间上本土和海外各种关系的综合，包括本土商业网络、本土技术网络、海外商业网络和海外技术网络的关系嵌入。

关系嵌入性描述的是网络中行动者之间相互关系的性质或质量（Granovetter，1993）。在关系嵌入性的研究过程中，不同学者根据自己的研究目标和研究角度将关系嵌入性进行了不同维度的划分。例如 Uzzi 和 Gillespie（2002）针对商业关系，提出了关系嵌入性维度应包括商业关系持久性、关系正式性、关系多样性、个人参与度和联系性等。Gulati 和 Sytch（2007）以美国汽车企业为例，将关系嵌入的维度划分为共同行为、信任和信息交换的质量与范围。本书认为网络关系嵌入维度可包括关系强度、关系持久度、关系质量三个方面。关系强度体现为互动频率、情感、关系密切和互惠交换，关系持久度是指网络关系的稳定性，关系质量体现为信任、承诺和满意三个方面。

4.2.3 外向型企业双重网络关系嵌入平衡发展

结合二元平衡的定义（Gupta et al，2006；Levinthal & March，1993；Rivkin & Siggelkow，2003；王凤彬 等，2012），本书认为外向型企业双重网络关系嵌入的平衡发展是指随着内外部环境复杂性和竞争性的日益加剧，外向型企业把企业有限资源平衡地投入海外网络和本土网络的关系嵌入，兼顾利用性活动和探索性活动，以最大效度地提升资源的利用率，提升企业绩效。

囿于组织内部资源的有限性和外部环境的变化性，学者们主张把二元平衡模式分为"同时平衡"和"间断平衡"（Uotila et al.，2009；Dai et al.，2018；Burgelman，2002；Mudambi & Swift，2011；袁健红、龚天宇，2011）。本书采用此分类方法，也将双重网络关系嵌入的平衡发展模式分为同时平衡模式和间断平衡模式。同时平衡模式是指外向型企业同时兼顾海外网络和本土网络，把投入的资源均衡地分配给海外网络和本土网络的关系嵌入，期望能实现不同活动间的协同效应（Gupta et al.，2006）。间断平衡模式是指外向型企业通过时间上的分离实现海外网络和本土网络关系嵌入的间断平衡，也就是外向型企业可以在一段时间内专注于海外网络或本土网络，随着内外部环境的变化再转向另一种网络，不断地交替进行（Gupta et al.，2006）。

4.2.4 资源整合能力

资源整合能力的提升是伴随着企业资源整合的过而进行的，企业资源整合的过程无时不体现出对资源的整合能力。本书采用了 Ge 和 Dong（2008）、马鸿佳等（2010）等的观点，以企业自身为边界，将资源整合能力分为两个维度：一个是企业面向外部的能力，包括资源识别能力和资源获取能力；另一个是企业内在资源组合与使用的能力，包括资源配置能力和资源利用能力。资源识别能力是指企业在全面了解企业现有资源基础上，明确企业发展所需资源及其来源的能力，是企业创新发展的重要前提；资源获取能力是企业能使资源发挥作用的外在体现，是企业将外部资源纳入企业内部并为其所用的关键（Winter，2003），是企业核心竞争力提升的重要保障；资源配置能力是企业对于所获得的资源进行激活与融合，使其内化于企业并发挥潜在效能和价值的能力，是资源整合能力的中心环节（获取的资源能否具有价值取决于如何配置）；资源利用能力是企业利用资源创造新价值的能力，它将最终决定资源能否发挥其最大效能并创造新价值（Brush，2001）。

4.2.5 创新绩效

对创新绩效的界定分为狭义和广义两种：狭义的创新绩效是由企业的发明创造引入市场的程度度量，广义的创新绩效则指企业活动取得的发明、技术、创新三方面的综合绩效（Hagedoorn & Cloodt，2003）。创新绩效是衡量企业创新活动的效益和效率的重要指标，是构成企业绩效的重要部分。

创新绩效的衡量方法，主要分为两类：一类是制定与研究相关的题项，通过对研究对象企业发放调查问卷获取比较主观的数据（林筠 等，2016；刘学元 等，2016）；另一类是通过对企业公开数据进行收集，主要包括研发投入、专利数量、新产品销售情况等指标（Shafique，2013；邹双、成力为，2017；黄建新、李孟珂，2020），形成比较客观的依据。

4.2.6 市场竞争程度

市场竞争程度是指企业在所处行业中基于成本压缩和价格战所面临的竞争激烈程度（Covin & Slevin，1989；Zahra & Bogner，2000），能够准确反映出所处行业内部的价格和非价格的竞争情况、竞争对手数量以及产品同质性程度等（Matusik & Hill，1998；奉小斌，2016）。

市场竞争程度主要通过行业中的竞争对手数量、价格竞争状况、产品是否容易被模仿、利润高低等指标来进行衡量（Birkinshaw et al.，1998；Covin et al.，2000；Jansen，2006）。

4.3 外向型企业“双重网络关系嵌入及其平衡—创新绩效”模型构建及假设提出

4.3.1 双重网络关系嵌入及其平衡与创新绩效的关系

网络嵌入性是指企业在网络中的地位以及该企业与网络中其他主体的关系。Granovetter（1993）将嵌入性分为结构嵌入性和关系嵌入性，前者关注结构特征，如网络中心性、网络密度和网络范围；后者关注关系特征，如与网络中其他主体的信任、互惠、合作等。关系嵌入可以从关系强度、关系内容、关系质量等方面进行衡量（Uzzi，1997）。网络关系嵌入是企业的重要战略性资源，不同的关系嵌入强度会决定企业在网络中配置、整合资源的数量和质量，从而影响该企业在网络中的行为与绩效（Rosenkopf & Nerkar，2001；Andersson et al.，2002）。

关于网络关系嵌入与企业绩效之间的关系，目前学术界存在不同的看法。部分学者认为企业与网络中其他企业之间保持着一种松散的“弱连接”关系，更有可能让企业接触、获取较高异质性的信息和知识，从而有助于企业创新以及获得核心竞争力。Granovetter（1983）认为，弱连接比强连接更有可能成为连接个体间的“桥”，“桥”的弱连接能带来更多的非冗余性信息，对提高企业竞争力具有正向作用（McEvily & Zaheer，1999）。但也有部分学者持完全相反的观点，认为企业与网络中的其他企业之间保持着一种非常紧密、频繁的联系，有助于增强主体间的信任程度，降低资源获取的不确定性和风险，有利于知识的获取和利用，进而有助于企业竞争优势的获得（Nelson，1989；Dyer，2000）。McEvily 和 Marcus（2005）通过案例研究和实证分析发现制造商和供应商之间的信息共享、信任和共同解决问题在帮助企业获取隐形知识的过程中起到了重要作用。企业间关系嵌入程度越高，越有利于隐形知识的传播和利用，越有利于推动企业获取竞争优势。

对我国外向型企业而言，海外网络的联系路径较长，要获得影响力较高的资源必须通过强连接才能实现（Bian，1997）；在本土网络中，也需要和创新合作者保持长期、频繁的互动才能准确把握关键性的创新知识和资源（邬爱其，2004；陈学光，2007），因而本书更倾向于认为企业的网络关系嵌入越强，创新绩效越高。

外向型企业建立在国内，销售在国外，因此其所需的知识和资源需要通过“本地信息场”和“全球管道”共同实现（Bathelt et al.，2004；Penner-Hahn & Shaver，2005）。在本土网络中，产业链上各环节的本土企业和相关机构非常多，蕴含着丰富的和获得性强的各类资源（邬爱其，2004），是外向型企业获得外部规模经济和本土创新知识溢出的重要源泉（Whittington et al.，2009）。地理邻近性和文化邻近性使得本土各主体之间具有更频繁的互动和更深度的信任，更容易构建起密集的非正式网络（Saxenian，1994；Porter，1998）。本土网络中广泛存在的非正式联系、面对面沟通、人员频繁流动等方式，能促使本土知识和技术在组织之间有效流动（Rosenkopf & Almeida，2003；Whittington et al.，2009），便于外向型企业以较低廉的成本（Phelps，2010）搜寻现有知识和信息。企业和本土网络其他主体之间的信任度越高、联系越紧密、沟通越频繁，获得的现有信息和知识就会越深入、越细致（McEvily & Marcus，2005），越有利于企业的利用式创新（Baptista & Swann，1998；林筠 等，2009）。

外向型企业在嵌入本土网络的同时，也广泛地嵌入全球层次的社会网络。外向型企业从全球管道中获取异质性信息和知识是其不断创新的重要动力（Bathelt et al.，2004）。海外网络跨越了地理边界，使外向型企业能够在更广阔的地理范围内接触到更高知识位势的异质性知识主体，包括国内外技术领先企业、研发机构、知识密集型企业甚至全球领先的跨国企业等，在与外部组织合作的过程中获取来自全球各地多样化的、新鲜的高价值知识（邬爱其，2009）。由于地理距离和知识距离较远，外向型企业需要和海外网络中的主体保持更紧密的联系才能获取超越该行业的技术、经验和新颖的异质性信息。海外网络关系嵌入的程度越高，越有利于外向型企业探索全新知识、进行探索式创新（张恒俊、杨皎平，2015；李杰义、闫静波，2019），为企业的创新要素重新组合提供良好的契机，极大地推动企业的创新绩效（任胜钢 等，2011）。

从二元性角度看，利用性活动强调将现有知识重复或复制到新的项目上，成本较低且风险较小，能快速改善企业的短期收益；而探索性活动则强调不断追求新的知识和技术，通过开辟新市场、开发新技术以获取企业的长期收益。外向型企业要长期稳定地发展，既需要借助本土网络进行利用性学习以保证自己的原有市场，又需要发展海外网络进行探索性学习以拓展新产品和新市场。

由此可见，外向型企业海外网络和本土网络的关系嵌入与企业的创新绩效可能存在正向关系。鉴于此，本书提出如下假设：

H_1：外向型企业双重网络关系嵌入对企业创新绩效具有显著正向影响。

虽然外向型企业的本土网络和海外网络对提升企业创新绩效各有好处，但如果过分偏重某一网络，很可能出现结构性风险。如果外向型企业只重视本土网络而忽略海外网络，很容易导致企业陷入发展路径依赖和能力难以突破的困境（Lazerson & Lorenzoni，1999；Belussi et al.，2010）。过度依赖本土网络，一方面会造成企业获取的信息陈旧、冗余、同构和锁定（Visser & Atzema，2007），缺乏足够的创新资源（张冬丽，2015）；另一方面也容易造成企业信息获取渠道固化，企业很难主动去寻找和获取外部异质性信息（Uzzi，1997），对外部复杂多变的环境缺乏洞察能力，从而阻碍企业创新。如果只重视海外网络嵌入，超越现有的经验和知识去关注并不熟悉的新兴领域，将会给企业发展带来低效率：一是企业搜寻知识的成本大幅增加（Haas & Hansen，2005），二是搜寻到的知识和信息的可靠性有时也难以判断（刘霞 等，2019）。此外，不重视本土网络中现有知识的积累，也很难消化和吸收从海外网络获取的新知识，企业创新难度增大（Ahuja & Lampert，2001）。He 和 Wang（2004）、王雷、池巧珍（2014）都认为，企业平衡地嵌入两种网络，保持利用式创新和探索式创新的平衡发展，有利于持续提升企业竞争力。

由此可见，外向型企业嵌入两种网络的程度越平衡，即嵌入程度的差别越小，则企业的创新绩效越高。鉴于此，本书做出如下假设：

H_2：外向型企业双重网络关系嵌入平衡发展对企业创新绩效具有显著正向影响。

外向型企业均衡地嵌入本土网络和海外网络，既能充分发挥双重网络关系嵌入获取不同资源的优势，又能避免过度依赖单一网络带来的弊端，最大限度地实现扬长避短，比不平衡地嵌入双重网络更有助于提升企业的创新绩效。鉴于此，本书做出如下假设：

H_3：外向型企业双重网络关系嵌入平衡发展对企业创新绩效的正向影响显著大于双重网络关系嵌入。

4.3.2 双重网络关系嵌入及其平衡与资源整合能力的关系

资源整合能力有两个维度：一个是企业面向外部的能力，包括资源识别能力和获取能力；另一个是企业内在资源组合与使用的能力，包括资源配置能力和利用能力（马鸿佳 等，2011）。很多学者都认为，外部网络是企业资源整合能力形成的重要影响因素（Lane et al.，2006；Ozer & Zhang，2015）。资源整合能力的前提是对网络中的外部资源进行识别和获取，而网络关系嵌入性能为企业获取更加丰富广泛的信息与资源，影响企业识取外部资源以及进行内外部资源整合的能力（刘蕴，2018）。陈玉麟（2011）通过对台湾上市公司的实证调查发现企业嵌入外部网络的深度和广度都能对企业资源整合能力产生重要影响。企业的外部网络越宽广（合作伙伴数量越多），嵌入外部网络的程度越深（和合作伙伴的关系越紧密），企业能确认和采用的重要外部知识就越多，对企业资源整合能力的提升越有帮助。Escribano 等（2009）通过对生物制药业进行调查发现企业产学研组织间的合作有利于提升对企业外部知识的吸收能力，有利于提升企业的创新绩效。Zahra 和 George（2002）认为企业的网络伙伴可以分为长期伙伴和短期伙伴：企业与长期伙伴的网络连接越强，企业知识同化的整合能力越高；与短期伙伴的网络结虽然弱一些，但也能从与短期伙伴本身的链接中有效率地分享新知识。

外向型企业的本土网络和海外网络中蕴含着很多价值链上的各类企业以及相关科研机构、科技服务机构等。外向型企业和这些企业的紧密度越高，越有利于企业资源整合能力的提升。这主要表现在以下三方面：①网络成员之间的信任程度越高，越能减少企业之间的机会主义行为、降低企业维持与合作伙伴联盟关系的成本，使企业拥有更多的资本去识别、获取存在于社会网络中的异质性资源（陈丽哲，2018）。②外向型企业与网络成员之间的关系越紧密，彼此越愿意打开资源共享的大门，从而降低合作伙伴之间保留技术的程度，使外部网络环境的信息资源更加丰富。在这种环境中，外向型企业更容易识别和获取有利于自身创新活动的资源，并减少企业识别和获取资源的成本，从而拥有更多的资本将获取的资源进行配置和利用，提高自身的创新活动。③外向型企业在与其他企业共同合作解决问题的过程中，一方面可以根据具体的项目情况有针对性地改造共有资源，对拥有的资源进行有效整合（章威，2009）；另一方面也可以学习其他企业处理问题的方法和思路，并意识到企业自身存在的劣势和不足，促使企业更有意愿和动力去提高资源识别能力，在外部环境中获取更加优质的资源，进而提升企业将内外部资源进行转化与利用的能力。

由此可见，企业间的研发合作、策略联盟与网络对企业的资源整合能力有深刻的影响，企业嵌入网络的程度越深，则资源整合能力越强。鉴于此，本书做出如下假设：

H_4：外向型企业双重网络关系嵌入对企业资源整合能力具有显著正向影响。

H_{4a}：外向型企业双重网络关系嵌入对企业资源识别和获取能力（以下简称“企业资源识取能力”）具有显著正向影响。

H_{4b}：外向型企业双重网络关系嵌入对企业资源配置和使用能力（以下简称“企业资源配用能力”）具有显著正向影响。

与本土网络相比，外向型企业的海外网络能够帮助企业在更广阔的网络空间探索和学习全新知识，感知最新的技术和市场动态变化趋势（Benner & Tushman，2003），获取更多非冗余的异质性知识（Tiwana，2008）。因而，在资源识别和获取能力上，外向型企业的海外网络比本土网络更具优势（康健，2015）。但在资源的配置和利用能力上，本土网络比海外网络更加有效。本土网络主体的相似性和近邻性能够促进现有知识在网络中快速传播，帮助外向型企业对已有的技术和知识进行深度挖掘，从而能较合理地对此类知识资源进行整合；而且本土网络中主体具有较为相似的知识基础和能力体系（Lazerson & Lorenzoni，1999），有利于外向型企业渐进式创新能力的提高，对企业进行资源配置和利用大有益处（康健，2015）。

虽然外向型企业的本土网络和海外网络对提升企业资源整合能力各有好处，但如果过度嵌入本土网络，很可能限制企业的视野（Uzzi，1997），不利于外向型企业有效地洞察新技术和市场发展机遇。本土网络中过强的关系嵌入，可能导致企业局限于本土网络中而滋生网络惰性和路径依赖（周泯非、魏江，2009），进而出现功能性锁定，使得企业难以及时、准确地感知外部环境的变化，在资源的识别和获取上陷入困境。如果过度嵌入海外网络，不重视本土网络中现有知识的积累和渐进式创新能力的培养，外向型企业一方面很难发现和识别海外网络中对自身创新有用的异质性知识（Zahra & George，2002），另一方面也很难消化吸收从海外网络中获取的新知识（Ahuja & Lampert，2001），不利于企业对资源的配置和利用。外向型企业只有兼顾海外网络和本土网络的关系嵌入，才能最合理地利用两种网络的优势来提高自身资源整合的能力（康健，2015）。

由此可见，外向型企业嵌入两种网络的程度越平衡，即嵌入程度的差别越小，则企业的资源整合能力越高。鉴于此，本书做出如下假设：

H_5：外向型企业双重网络关系嵌入平衡发展对企业资源整合能力具有显著正向影响。

H_{5a}：外向型企业双重网络关系嵌入平衡发展对企业资源识取能力具有显著正向影响。

H_{5b}：外向型企业双重网络关系嵌入平衡发展对企业资源配用能力具有显著正向影响。

均衡地嵌入本土网络和海外网络，能使外向型企业充分互补地利用双重网络关系嵌入的优势，全面提升企业资源识别、获取、配置和利用能力，避免过度依赖单一网络对资源配置能力的限制，最大限度地实现扬长避短，比不平衡地嵌入双重网络更有助于提升企业的资源整合能力。鉴于此，本书做出如下假设：

H_6：外向型企业双重网络关系嵌入平衡发展对企业资源整合能力的正向影响显著大于双重网络关系嵌入。

H_{6a}：外向型企业双重网络关系嵌入平衡发展对企业资源识取能力的正向影响显著大于双重网络关系嵌入。

H_{6b}：外向型企业双重网络关系嵌入平衡发展对企业资源配用能力的正向影响显著大于双重网络关系嵌入。

4.3.3 资源整合能力与创新绩效的关系

资源整合能力是影响企业创新绩效的重要因素（王凯 等，2018），在竞争日益激烈的环境下，企业的成功越来越取决于机会的发现和开发能力、有效整合内外部创新资源的能力以及升级最佳商业流程的能力（Teece，2007）。由于企业创新活动的多样性、复杂性和不确定性，企业仅仅依靠自身的技术和资源远远不能满足创新的需要，必须从外部获取资源。而资源是静态的，不能持续不断地给企业创新活动带来竞争优势；企业必须将静态的资源动态化，整合从外部环境中获取的资源，将其运用到自身创新活动中，才能有效促进企业创新绩效的提升。可见，企业资源整合能力对企业的创新活动至关重要。马鸿佳等（2011）进行实证分析后认为资源整合能力能有效提高企业创新绩效。张公一、孙晓欧（2013）以汽车企业从业者为研究对象，证实了资源整合能力对企业创新绩效的正向影响。刘洋（2016）对电子制造企业进行实证研究，也提出企业科技资源整合能力对创新绩效有提升作用。

资源识取能力是企业创新发展的重要前提和保障，是企业面向外部识别和获取有价值、高质量资源的能力（Stuart，1998；董保宝 等，2011）。外部环境中的资源是多样化、复杂化的，也可能是重复、冗余的，资源识取能力能帮助企业从广泛的外部环境中获取有利于自身创新的信息和知识，发现和定义新的创新机遇（徐海燕、李靖华，2014）。资源识取能力可以促使企业超越组织当前的经验与认知局限，获取"认知远距型"的新知识和新技术，进而开拓新的产品市场（冯军政，2012）。Teece（2007）认为，企业在外部环境中识别新机会在很大程度上是一种寻找、创造、学习和跨界整合活动，这种活动有利于企业管理者增强对创新行为所带来的收益的认知水平，进而比竞争对手更快地创造出新兴技术或是利用新技术开拓市场，提高企业的创新绩效（吴航，2013）。

资源配用能力是企业内部对资源组合与使用的能力，是资源整合的中心环节，决定了企业使用资源的效率。资源配用能力既可以促进企业对外部新技术和新知识的吸收，同时还可以保证新技术和新知识在企业内部的广泛传播（Van den Bosch et al.，1999）。资源配用能力是企业在资源配用过程中通过学习吸收异质性知识产生创新意识进而形成创新行为、能够增进企业应对环境变化的能力（陈红涛，2013）。刘志国、崔健（2005）认为，通过知识在企业内部的转移，员工可以保持知识的持续更新和自身知识的先进性，从而增强企业的创新能力（Cohen & Leviathan，1990）。一系列的实证研究结果也证实了上述观点，Liao 等（2009）的研究结果表明，企业的资源配用能力影响其创新。Chen（2004）、杜建华（2009）证实企业的资源配用能力对企业创新绩效有正向影响。

由此可见，企业对资源的识别、获取、配置和利用能力都会深刻地影响企业的创新绩效，即资源整合能力越高，企业的创新绩效越高。鉴于此，本书做出如下假设：

H_7：企业资源整合能力对企业创新绩效具有显著的正向影响。

H_{7a}：企业资源识取能力对企业创新绩效具有显著的正向影响。

H_{7b}：企业资源配用能力对企业创新绩效具有显著的正向影响。

4.3.4 资源整合能力在双重网络关系嵌入及其平衡与创新绩效间的中介作用

前文已经论证了外向型企业双重网络关系嵌入及其平衡对创新绩效的正向影响效应、外向型企业双重网络关系嵌入及其平衡对资源整合能力的正向影响效应，以及外向型企业资源整合能力对创新绩效的正向影响效应，表明外向型企业双重网络关系嵌入及其平衡对创新绩效的正向影响效应很可能是通过资源整合能力来传递的（Baron & Kenny，1986；温忠麟 等，2005），资源整合能力在外向型企业双重网络关系嵌入及其平衡和创新绩效之间起到了中介作用。

企业的外部网络存在着明显的资源溢出效应和共享效应，可以为企业创造更多的创新资源，增加企业资源的获取与积累，提升企业的整合能力。资源整合能力不仅可以为企业在外部网络中获取更多的资源，还能够在与网络成员沟通和接触的过程中提高企业的学习能力、创新思维。外向型企业在外部网络中的关系嵌入性越强，越能平衡地嵌入海外网络和本土网络，就越能够获取到更多的资源，越能合理地利用两种网络的优势来提高自身资源整合的能力，将这些资源进行转化并利用于自身的创新活动，从而有效地提升企业创新绩效。目前已有学者证实了资源整合能力在关系嵌入和企业创新绩效之间的中介作用。徐意（2018）以科技型企业为例，构建了“关系嵌入性—知识整合—创新绩效”模型，通过实证研究表明知识整合在关系嵌入性及其维度与企业创新绩效中有中介作用。王欣（2018）在企业网络能力对创新绩效的研究中验证了资源整合能力在其中具有中介作用。秦阳（2019）以高校科研团队为研究对象，利用结构方程模型，分析知识整合在关系嵌入性与创新绩效之间具有中介作用。

由此可见，外向型企业双重网络关系嵌入及其平衡对创新绩效的正向影响效应很可能是通过资源整合能力来传递的。鉴于此，本书做出如下假设：

H_8：资源整合能力在外向型企业双重关系嵌入和创新绩效的关系中起中介作用。

H_{8a}：资源识取能力在外向型企业双重关系嵌入和创新绩效的关系中起中介作用。

H_{8b}：资源配用能力在外向型企业双重关系嵌入和创新绩效的关系中起中介作用。

H_9：资源整合能力在外向型企业双重关系嵌入平衡发展和创新绩效的关系中起中介作用。

H_{9a}：资源识取能力在外向型企业双重关系嵌入平衡发展和创新绩效的关系中起到中介作用。

H_{9b}：资源配用能力在外向型企业双重关系嵌入平衡发展和创新绩效的关系中起到中介作用。

4.3.5 假设汇总及模型构建

本书在梳理和分析网络嵌入理论、资源基础理论等的基础上，针对外向型企业构建了以资源整合能力为中介环节的“双重网络关系嵌入及其平衡—创新绩效”理论模型，深入分析了双重网络关系嵌入及平衡对创新绩效的影响机理，并比较了双重网络关系嵌入和双重网络关系嵌入平衡对创新绩效的不同影响，最终形成了 15 个假设（如表 4-1 所示），包括 2 个验证性假设和 13 个开拓性假设。

表 4-1 研究假设汇总

序号		假设	假设类型
H_1		外向型企业双重网络关系嵌入对企业创新绩效具有显著的正向影响	开拓性假设
H_2		外向型企业双重网络关系嵌入平衡发展对企业创新绩效具有显著的正向影响	开拓性假设
H_3		外向型企业双重网络关系嵌入平衡发展对企业创新绩效的正向影响显著大于双重网络关系嵌入	开拓性假设
H_4	H_{4a}	外向型企业双重网络关系嵌入对企业资源识取能力具有显著的正向影响	开拓性假设
	H4b	外向型企业双重网络关系嵌入对企业资源配用能力具有显著的正向影响	开拓性假设
H_5	H_{5a}	外向型企业双重网络关系嵌入平衡发展对企业资源识取能力具有显著正向影响	开拓性假设
	H_{5b}	外向型企业双重网络关系嵌入平衡发展对企业资源配用能力具有显著正向影响	开拓性假设

表4-1(续)

序号		假设	假设类型
H_6	H_{6a}	外向型企业双重网络关系嵌入平衡发展对企业资源识取能力的正向影响显著大于双重网络关系嵌入	开拓性假设
	H_{6b}	外向型企业双重网络关系嵌入平衡发展对企业资源配用能力的正向影响显著大于双重网络关系嵌入	开拓性假设
H_7	H_{7a}	企业资源识取能力对企业创新绩效具有显著的正向影响	验证性假设
	H_{7b}	企业资源配用能力对企业创新绩效具有显著的正向影响	验证性假设
H_8	H_{8s}	资源识取能力在外向型企业双重关系嵌入和创新绩效的关系中起到了中介作用	开拓性假设
	H_{8b}	资源配用能力在外向型企业双重关系嵌入和创新绩效的关系中起到了中介作用	开拓性假设
H_9	H_{9a}	资源识取能力在外向型企业双重关系嵌入平衡发展和创新绩效的关系中起到了中介作用	开拓性假设
	H_{9b}	资源配用能力在外向型企业双重关系嵌入平衡发展和创新绩效的关系中起到了中介作用	开拓性假设

验证性假设是指在某一领域的研究中已经进行过相关理论分析并用实证数据验证过的假设。本书将对这些假设再次进行验证。开拓性假设是指在某一领域还没进行相关理论分析或者有相关理论分析但缺乏实证数据验证的假设关系。本书将对这些假设进行经验数据的证实和验证。

在待检验假设的汇总归类表中，资源整合能力和创新绩效的关系在已有的相关研究中都得到了较多的探讨，并在不同的研究中得到了经验数据验证。因此 H_{7a}、H_{7b}属于验证性假设。

虽然网络嵌入与资源整合能力和创新绩效的关系的研究较多，但都不是以外向型企业为研究对象的，外向型企业本土网络和海外网络的关系嵌入及其平衡的研究几乎没有，因此凡涉及外向型企业的 13 个假设都属于开拓性假设。概念模型如图 4-2 所示。

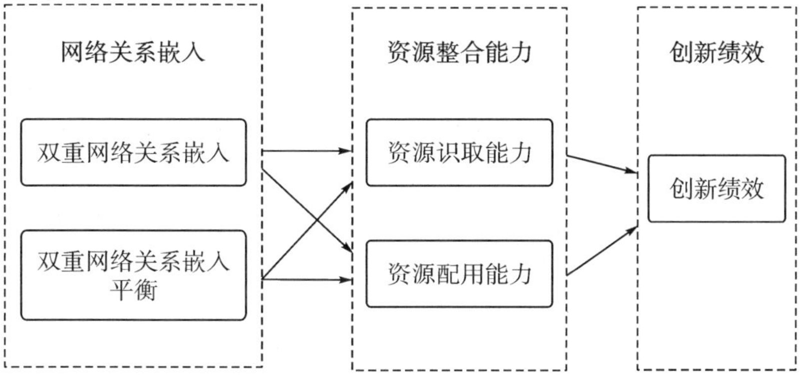

图 4-2 “双重网络关系嵌入及其平衡—创新绩效”概念模型

4.4 情境因素下“双重网络关系嵌入平衡模式—创新绩效”模型构建及假设提出

从上述研究中可以看出，外向型企业本土网络和海外网络关系嵌入平衡发展对企业的创新绩效具有非常显著的正向影响，因而双重网络关系嵌入的平衡发展十分必要。由于地理边界不同，外向型企业本土网络和海外网络在组织文化和结构特征上存在较大差异，企业在嵌入时必须采取不同的组织结构或工作流程。此外，企业嵌入本土和海外网络的目标也大不相同：前者是为了搜寻现有成熟技术和知识以改进原有生产技术和流程，后者是为了搜寻全新的知识和信息以创造全新产品。两种网络关系嵌入的方式方法和目标均不同，具有潜在的排他性和竞争性，势必引发对企业稀缺资源的竞争（Raisch & Birkinshaw, 2008；彭伟 等，2017），涉及企业有限资源的分配问题。

目前关于二元平衡的实现机制和模式存在两种不同的观点：一种是同时平衡模式，即企业将有限资源平均分配，在任何时刻都同时兼顾“探索”和“利用”两种行动策略，充分挖掘两种行动的互补协同效应（Uotila et al., 2009；Dai et al., 2018）；另一种是间断平衡模式，即企业在某一段时间集中将有限资源投入“探索”或“利用”活动，在下一段时间再将资源集中投入到另一种活动中，按照一定的次序来实施各种创新活动（Gupta et al., 2006；Mudambi & Swift, 2011）。究竟采用哪种平衡模式能够更好地促进企业的创新绩效，关键、直接的影响因素一是企业内部的资源数量（Srivastava & Gnyawali,

2011；白景坤、丁军霞，2016），二是企业所处的外部市场环境（He & Wang，2004；Uotila et al.，2009）。组织资源数量取决于企业规模（李振东，2018），市场竞争程度是衡量外部市场环境的重要指标（高银淮，2017），因此本书将按照企业规模和市场竞争程度分别探讨适合企业创新绩效的双重网络关系嵌入平衡模式。

虽然在探索性案例研究中较少有访谈对象从内部资源和外部环境角度来谈论企业的经营情况，也即探索性案例研究的结果并没有较为明显地体现出内部资源和外部环境的调节作用；但是考虑到外向型企业的成长发展过程以及一直在变化的外部环境，为了使本书更为贴近外向型企业的客观经营实际，本书在外向型企业双重网络关系嵌入平衡发展与企业创新之间的关系上加上了企业规模和市场竞争程度两个调节变量。下文将着重分析企业规模和市场竞争程度在外向型企业双重网络关系嵌入平衡与创新绩效间的调节作用。

4.4.1 不同企业规模下双重网络关系嵌入平衡模式与创新绩效的关系

当企业规模较小、资源有限时，两种网络关系嵌入对企业资源的竞争性和排他性就会显得尤为突出，呈现出此消彼长、相互替代的状态（Chang & Hughes，2012；张军等，2014）。在资源有限的情况下，如果外向型企业勉强同时嵌入本土网络和海外网络，其结果很可能是资源使用了，但两种网络嵌入都没有达到预期效果，利用性创新和突破性创新都未能实现，对企业创新绩效造成负面影响（杨学儒等，2011）。换言之，资源紧缺的小规模企业采用双重网络关系嵌入同时平衡模式并不适宜。

因此，规模较小的企业必须对两种网络关系嵌入进行权衡和取舍，可以集中资源在某一时期内有所侧重地嵌入某一种网络，在适当的内外部环境下再转换为侧重于另一种网络，实现双重网络关系嵌入的间断平衡。这种基于时间分离的间断平衡模式，不仅能够有效缓解资源稀缺外向型企业同时嵌入本土网络和海外网络的竞争效应问题，还能让企业更专注于做一件事，迅速在某一种学习创新活动中取得突破，获得竞争优势（Tushman & Anderson，1986；杨学儒等，2011）。另外，规模较小的企业通常组织架构比较简单，持续性规范尚未完全建立，具有较强的调整能力，能够较为灵活地在两种网络间进行切换且转换成本较低，不会给企业造成过重的负担（Gupta et al.，2006）。因而，对于规模较小企业而言，采取间断平衡模式可以减轻双重网络嵌入对资源的争夺，又能先后嵌入两种网络，从而提高企业的创新绩效。

由此可见，当外向型企业规模较小、资源有限时，本土网络和海外网络关系嵌入会存在较大的竞争效应，外向型企业采用双重网络关系嵌入间断平衡模式能有效提高企业创新绩效，而二元同时平衡模式则不能促进企业创新绩效。鉴于此，本书做出如下假设：

H_{10a}：企业规模较小时，本土网络和海外网络的关系嵌入对外向型企业创新绩效的影响具有替代效应。

H_{10b}：企业规模较小时，采用双重网络关系嵌入间断平衡模式能有效促进外向型企业的创新绩效。

H_{10c}：企业规模较小时，采用双重网络关系嵌入同时平衡模式不能有效促进外向型企业的创新绩效。

当外向型企业逐步发展为由多个“次组织”构成的大型成熟企业、拥有较为充裕的冗余资源后，企业可以在不同部门、不同层级对两种网络的关系嵌入进行空间上的分离，实施差异化管理（Volberda et al.，2001）。例如，某些事业部侧重于嵌入海外网络，某些事业部侧重于嵌入本土网络；或是高层管理者更多地嵌入海外网络，中下层管理者更多地嵌入本土网络。这样就能够实现外向型企业海外网络和本土网络关系的同时嵌入。

大型外向型企业资源充裕，能够为企业的各类活动提供强有力的持续支持，双重网络关系嵌入同时平衡发展不仅不会引起明显的资源竞争关系（Cyert & March，1963），还能更好地发挥二者的互补效应（Benner & Tushman，2003）。嵌入本土网络进行利用性学习可以深入了解行业动态，发现和识别外部网络中有用的异质性知识，为企业未来开发新产品和新技术打下基础（Zahra & George，2002）；嵌入海外网络进行探索性学习可以吸收前沿技术，为现有知识的利用和重组注入新的想法和思路。同时兼顾发展两种网络，可以使它们相互取长补短，改善企业的创新绩效。Benner 和 Tushman（2003）就指出，有能力同时发展两种网络进行不同知识学习的企业能比那些只重视某一网络的企业获得更高的创新绩效。

另外，规模较大的成熟企业通常规章制度较多，思维模式限制较大，组织路径依赖的程度较深（Jansen et al.，2006），很难在两种完全不同的社会网络中随意转换和调整。外向型嵌入本土网络和海外网络需要完全不同的组织能力，而组织能力的创造和替代是困难的，对于大型企业复杂的组织系统来说，要变革更是难上加难。因此，如果在大型成熟企业中采用间断平衡模式，人为地将企业发展过程划分为一个个阶段，并设定在每个阶段嵌入不同的社会网络，一是实施困难，二是成本高昂，非但不会提升企业创新绩效，还很可能导致企业经营失败。

由此可见，当企业规模较大时，本土网络和海外网络关系嵌入会存在较大的互补效应，外向型企业采用双重网络关系嵌入同时平衡模式会有利于提高企业创新绩效，而二元间断平衡模式则不能有效促进企业创新绩效。鉴于此，本书做出如下假设：

H_{11a}：企业规模较大时，本土网络和海外网络的关系嵌入对外向型企业创新绩效的影响具有互补效应。

H_{11b}：企业规模较大时，采用双重网络关系嵌入同时平衡模式能有效促进外向型企业的创新绩效。

H_{11c}：企业规模较大时，采用双重网络关系嵌入间断平衡模式不能有效促进外向型企业的创新绩效。

4.4.2 不同市场竞争程度下双重网络关系嵌入平衡模式与创新绩效的关系

当市场竞争程度较为激烈时，整个行业的平均边际利润率水平会下降（Miller & Friesen，1983；Potter，1994），市场容量也会下降（Dess & Beard，1984），可能会影响到企业的创新行为（Zahra，1993；Miller & Chen，1994；Slevin & Covin，1997）。具体来说，在激烈的市场竞争条件下，市场上出现越来越多的同类产品和替代产品，会使外向型企业凭借探索式创新活动所形成的差异化优势被削弱（Huang et al.，2013），凭借利用式创新活动所形成的成本领先优势也会被弱化（李刚，2004；李振东，2018）。要想在竞争激烈的市场环境中、在较短的时间内重新取得竞争优势（差异化优势或者成本领先优势），外向型企业无论大小，都必须将资源集中在某一种创新活动上以迅速取得突破。只有如此，企业才能在激烈的市场竞争中存活下来。要在某一种创新活动上取得突破，就意味着外向型企业必须集中有限资源有偏向地嵌入本土网络或是海外网络，这时两种网络关系嵌入之间就存在竞争性和排他性，呈现出此消彼长、相互替代的状态。在市场竞争激烈的情况下，如果勉强同时兼顾两种网络关系嵌入，外向型企业很难在短期内取得竞争优势，企业的创新绩效就会逐渐减弱。换言之，当外向型企业面临激烈的市场竞争时，采用双重网络关系嵌入同时平衡模式并不适宜。

当市场竞争程度极其激烈时，外向型企业必须对两种网络关系嵌入进行权衡和取舍，可以先集中资源，在某一时期内有所侧重地嵌入某一种网络，在适当的内外部环境下再转换为侧重于另一种网络，实现双重网络关系嵌入的间断平衡。间断平衡模式能够有效缓解市场竞争激烈造成的负面效应，让外向型企业更专注于地嵌入某一种网络，迅速在某一种创新活动中取得突破，获得竞争优势（李振东，2018）。因此，当市场竞争激烈时，外向型企业应该将有限资源分配在某一种网络关系嵌入上（Li et al.，2017），采取间断平衡模式以减轻双重网络嵌入对资源的争夺，让外向型企业可以在某一种创新活动中迅速取得突破，从而提高企业的创新绩效。

由此可见，当外向型企业面临外部激烈的市场竞争时，本土网络和海外网络关系嵌入会存在较大的竞争效应，外向型企业采用双重网络关系嵌入间断平衡模式能有效提高企业创新绩效，而二元同时平衡模式则不能促进企业创新绩效。鉴于此，本书做出如下假设：

H_{12a}：市场竞争较激烈时，本土网络和海外网络的关系嵌入对外向型企业创新绩效的影响具有替代效应。

H_{12b}：市场竞争较激烈时，采用双重网络关系嵌入间断平衡模式能有效促进外向型企业的创新绩效。

H_{12c}：市场竞争较激烈时，采用双重网络关系嵌入同时平衡模式不能有效促进外向型企业的创新绩效。

当市场的竞争度较低时，外向型企业面临的技术革新、客户需求的变化都比较缓慢。此时企业对于探索新产品、渠道和市场的欲望不强，也没有太大的外部压力促使企业通过创新改变现状。但同时，这样的市场也会给予企业更高的宽容度，允许企业有试错的时间和市场空间，允许企业进行多方面的尝试。因此，缓和的市场竞争环境对于企业资源如何分配没有很严格的要求，外向型企业可以较为平均地将资源用于本土网络和海外网络的关系嵌入，同时兼顾两种创新活动（李振东，2018）。

在没有外部压力的情况下，企业同时嵌入本土网络和海外网络可以充分发挥两种网络的互补效应。外向型企业嵌入本土网络可以深入了解行业动态和本土知识，嵌入海外网络可以了解更多的异质性知识和前沿技术，不同的知识可以相互融合、取长补短，从而提升企业的综合创新能力和绩效。而且从创新收益看，本土网络传播的同质性知识便于企业提高当前的创新收益，海外网络传播的异质性知识有利于企业开发新产品或进入新市场，从而确保远期创新收益。兼顾长、短期的创新利益，对企业的全面创新有着积极的正向作用（Marin & Bell，2010）。

当外部市场竞争比较缓和时，外向型企业有比较充裕的时间和空间同时在本土网络和海外网络中进行尝试和试错，没有必要采取间断平衡模式。其原因有二：一是如果外向型企业决定把资源有侧重地投入本土网络或是海外网络，一旦判断和选择错误，就意味着企业在这一段时间内的创新绩效大大降低。二是即使企业在这个时期正确地选择了嵌入网络并取得了较好的创新绩效，在下一个时期也需向另一种网络转化和调整。由于两种网络在组织文化和结构特征上存在较大差异，嵌入网络需要完全不同的组织能力，企业会因此支付高昂的转化成本，很可能导致企业创新绩效下降，甚至导致企业经营失败。

由此可见，当外向型企业面临的外部市场竞争较小时，本土网络和海外网络关系嵌入会存在较大的互补效应，企业采用双重网络关系嵌入同时平衡模式会有利于提高企业创新绩效，而二元间断平衡模式则不能有效促进企业创新绩效。鉴于此，本书做出如下假设：

H_{13a}：市场竞争较缓和时，本土网络和海外网络的关系嵌入对外向型企业创新绩效的影响具有互补效应。

H_{13b}：市场竞争较缓和时，采用双重网络关系嵌入同时平衡模式能有效促进外向型企业的创新绩效。

H_{13c}：市场竞争较缓和时，采用双重网络关系嵌入间断平衡模式不能有效促进外向型企业的创新绩效。

4.4.3 假设汇总及模型的构建

本书在梳理和分析网络嵌入理论、组织二元平衡理论、竞争理论等基础上，针对外向型企业构建了情境因素影响下的“双重网络关系嵌入平衡模式—创新绩效”理论模型，深入分析了在不同企业规模和不同市场竞争程度情况下，外向型企业本土网络和海外网络关系嵌入对企业创新绩效的影响效应，以及外向型企业双重网络关系嵌入不同平衡模式与创新绩效之间的关系，最终形成了12个假设（如表4-2所示）。12个假设都涉及外向型企业，因此都属于开拓性假设。概念模型如图4-3所示。

表4-2 研究假设汇总

序号		假设	假设类型
H_{10}	H_{10a}	企业规模较小时，本土网络和海外网络的关系嵌入对外向型企业创新绩效的影响具有替代效应	开拓性假设
	H_{10b}	企业规模较小时，采用双重网络关系嵌入间断平衡模式能有效促进外向型企业的创新绩效	开拓性假设
	H_{10c}	企业规模较小时，采用双重网络关系嵌入同时平衡模式不能有效促进外向型企业的创新绩效	开拓性假设

表4-2(续)

序号		假设	假设类型
H_{11}	H_{11a}	企业规模较大时，本土网络和海外网络的关系嵌入对外向型企业创新绩效的影响具有互补效应	开拓性假设
	H_{11b}	企业规模较大时，采用双重网络关系嵌入同时平衡模式能有效促进外向型企业的创新绩效	开拓性假设
	H_{11c}	企业规模较大时，采用双重网络关系嵌入间断平衡模式不能有效促进外向型企业的创新绩效	开拓性假设
H_{12}	H_{12a}	市场竞争较激烈时，本土网络和海外网络的关系嵌入对外向型企业创新绩效的影响具有替代效应	开拓性假设
	H_{12b}	市场竞争较激烈时，采用双重网络关系嵌入间断平衡模式能有效促进外向型企业的创新绩效	开拓性假设
	H_{12c}	市场竞争较激烈时，采用双重网络关系嵌入同时平衡模式不能有效促进外向型企业的创新绩效	开拓性假设
H_{13}	H_{13a}	市场竞争较缓和时，本土网络和海外网络的关系嵌入对外向型企业创新绩效的影响具有互补效应	开拓性假设
	H_{13b}	市场竞争较缓和时，采用双重网络关系嵌入同时平衡模式能有效促进外向型企业的创新绩效	开拓性假设
	H_{13c}	市场竞争较缓和时，采用双重网络关系嵌入间断平衡模式不能有效促进外向型企业的创新绩效	开拓性假设

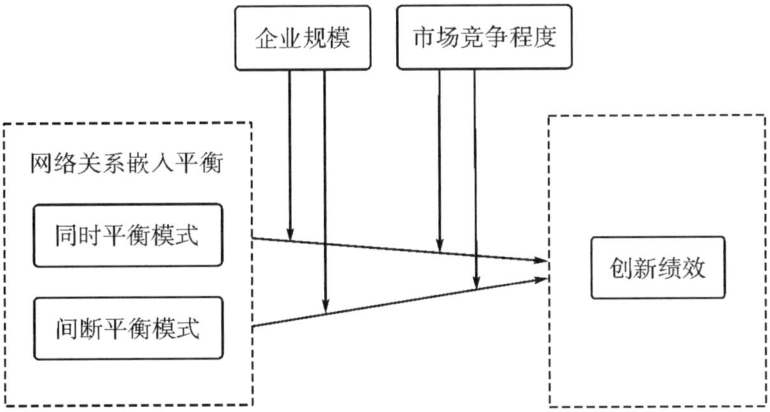

图 4-3　情境因素下“双重网络关系嵌入平衡模式—创新绩效”概念模型

4.5　本章小结

本章在探寻网络嵌入、组织二元平衡等领域尚待解决问题的基础上，明确了本书所要研究的问题，并提出了相应的研究思路。为达到研究目的，本书共构建了两个具有内在逻辑关系的模型：首先构建外向型企业以资源整合能力为中介变量的“双重网络关系嵌入及其平衡—创新绩效”的概念模型，并提出了各变量之间的假设关系；其次在此基础上构建了情境因素影响下“双重网络关系嵌入平衡模式—创新绩效”的概念模型，并提出了各变量之间的假设关系。

上述两个模型的验证将在第5、6章展开。

5 实证研究方法

基于上述“双重网络关系嵌入及其平衡—创新绩效”和情境因素下“双重网络关系嵌入平衡模式—创新绩效”两个概念模型及相关研究假设，本书将通过问卷调查的方法获取双重网络关系嵌入、资源整合能力以及创新绩效等变量的大样本数据。本章将主要阐述调查问卷的设计过程、变量的测量方式、数据收集途径及有效性控制方法等。

5.1 问卷设计

问卷调查法是目前管理学定量研究中最常用的方法，具有四大优势：一是若实施得当，可成为最快速有效的数据收集方法；二是若量表具有较高的信度、效度，且样本数量较大，可以获取较高质量的研究数据；三是对被试的干扰较小，可操作性较强；四是成本比较低廉（徐蕾，2012）。基于上述优势，本书决定采取问卷调查法获取所需数据。为了获取高质量数据，本书在问卷设计、变量测量方法、数据收集途径以及有效性控制方法等方面进行了详细论述。

5.1.1 问卷的构成

科学合理的问卷设计是获取真实、有效的研究数据的基础（马庆国，2002）。本书依据严格、规范的流程（陈晓萍 等，2008）设计了调查问卷。

本书的问卷主要围绕外向型企业双重网络（本土网络和海外网络）关系嵌入、资源整合能力和创新绩效之间的关系以及企业规模、市场竞争程度等因素的调节作用展开，因而问卷主要涵盖了以下内容（详见附录）：

（1）企业的基本信息，用于分析样本企业的整体概况（含企业规模），为实证分析提供可能的控制变量等。

（2）企业与本土网络和海外网络中相关合作者之间的信任、沟通、合作等情况，用于分析企业双重网络关系嵌入情况。

（3）企业对资源的识别、获取、配置和利用等情况，用于衡量企业的资源整合能力。

（4）企业的新产品推出、新工艺使用以及投入产出率等情况，用于衡量企业的创新绩效。

（5）企业所处市场的竞争强度、竞争对手数量以及边际利润率等情况，用于分析企业所处的外部市场竞争程度。

在问卷设计过程中，本书遵循 Podsakoff 和 Organ（1986）、Lee 和 Jae（2000）的建议，没有说明研究的内容和逻辑，以防止回答者得到可能的因果关系暗示，进而在回答过程中受到这种暗示的影响。

5.1.2 问卷设计过程

为保证研究工具的科学性和严谨在问卷设计方面，本书严格按照 Aaker 等（1999）所提出四大步骤进行。具体流程如下：

（1）通过搜寻和查阅文献，将本书所涉及各变量的相关经典量表进行汇总，并通过对比和筛选，选取信度和效度较高的题项。对英文版本的测量量表进行翻译时，本书采用了初步翻译、邀请英语专业教师审核和修订、再次进行中英文比对的方法，以确保量表在翻译过程中既不增加也不丢失信息。由此形成了问卷第一稿。

（2）多次与团队成员及同领域学者对第一稿问卷进行深入交流和探讨，并根据专家建议，调整和修改问卷中题项的措辞、用语以及题项归类等，形成了问卷第二稿。

（3）就问卷第二稿的内容与多位外向型企业中高层管理人员进行访谈。一是了解管理人员对关系嵌入特征、资源整合能力、创新绩效及市场竞争程度等变量的理解，二是对问卷题项的陈述、用语等内容进行沟通，尽量使问卷中不包含学术用语，增加问卷中题项的可理解程度。由此形成了问卷第三稿。

（4）为了尽可能地避免问卷测量题项在语法、措辞等方面给受调查者带来的误导，本书邀请了十家外向型企业的高级管理人员，采取问卷预测试的方式对调查问卷的实际内容进行再次修正。在对问卷的版面、字体、提示等内容进行重新审查后，确定了大规模发放的正式调查问卷（详见附录）。

5.1.3 问卷设计的防偏差措施

Fowler（2002）认为，在问卷调查中可能存在某些原因使得被调查者对题项做出不正确的回答，在问卷设计过程中应尽量采取适当的方法降低这些原因对问卷质量的负面影响。本书采用目前学者普遍使用的一些措施（许冠南，2008；彭新敏，2009；周浩军，2011），以减小测量结果的偏差。

（1）针对被调查者对所提问题的答案不清楚的情况，本书将被调查者定位于企业主或企业建立之初就在职的企业高层管理人员，以确保答卷者对企业的外部联系情况和工艺技术水平有足够的认识和了解。

（2）针对被调查者对题项不能理解的情况，本书使用的调查问卷已预先被学术界专家和企业管理人员反复讨论和推敲并经过了小样本测试，已尽量排除题项不被理解的可能性。而且在问卷末尾，专门提醒被调查者如果不理解题意，可以与作者联系，已附上联系方式。

（3）针对被调查者虽然知道问题的答案但出于某种原因不愿意回答的情况，本书使用的问卷在卷首即承诺所获信息不会用于任何商业目的，并对所获信息给予保密。此外，为了激发答卷人的积极性，问卷最后承诺将与对本书感兴趣的答卷人分享研究成果。

5.2 变量测量

本书涉及的变量包括双重网络（本土网络和海外网络）关系嵌入、资源整合能力（资源识取能力和资源配用能力）、企业创新绩效、企业规模和市场竞争程度以及其他控制变量等。本书对上述变量的测度采用主观感知方法，各量表的题项均采用 Likert 5 点计分法，赋值 1~5 表示被调查者对某个问题的反应强度或态度由完全不同意逐渐过渡到完全同意，或是从很低过渡到很高。

5.2.1 自变量：双重网络关系嵌入

本书研究的双重网络关系嵌入是指外向型企业的本土网络和海外网络的关系嵌入。在本土网络和海外网络的划分问题上，本书借鉴了 Andersson 和 Forsegern（1996）、彭伟等（2017）、李杰义和闫静波（2019）等的划分方法，以一国领土为边界，界定企业所在国境内的网络为本土网络，国境外的为海外网络。关系嵌入主要分析网络内部各主体之间相互连接的二元性关系特征，例如信任、互惠、合作等（Granovetter，1992；Uzzi，1997）。Granovetter（1983）使用互动频率、关系密切度、感情深厚度、互惠交换频率等维度来衡量关系嵌入的程度，Uzzi（1997）又在此基础上提出关系嵌入由信任、信息共享、共同解决问题三个维度构成。目前，大部分文献都将关系嵌入视为一个连续变量，用关系强度对其进行测量（Andersson et al.，2002）。

本书参照 Granovetter（1992）、Uzzi（1997）的研究结果，从信任、交流频率和关系持久度三个方面设置了四个题项，分别测量外向型企业本土网络关系嵌入和海外网络关系嵌入的程度。具体的测量指标见表 5-1。

表 5-1　外向型企业双重网络关系嵌入（RE）的测量

维度	编号	测量题项	文献来源
本土网络关系嵌入	RE_{11}	本企业与本土网络中的企业、机构和客户相互信任	Granovetter（1992）；Uzzi（1997）
	RE_{12}	本企业与本土网络中的企业、机构和客户交流沟通频繁	
	RE_{13}	本企业与本土网络中的企业、机构和客户合作频繁	
海外网络关系嵌入	RE_{14}	本企业与本土网络中的企业、机构和客户保持了长期合作关系	
	RE_{21}	本企业与海外网络中的企业、机构和客户相互信任	
	RE_{22}	本企业与海外网络中的企业、机构和客户交流沟通频繁	
	RE_{23}	本企业与海外网络中的企业、机构和客户合作频繁	
	RE_{24}	本企业与海外网络中的企业、机构和客户保持了长期合作关系	

因为本书要研究长期以来外向型企业本土网络和海外网络关系嵌入的平衡状况，也要研究短期内企业嵌入双重网络的平衡模式，所以需要被调查者分别填写企业建立以来以及 2016—2018 年三年的（三年时限是参考了杨学儒等 2011 年的做法）的双重网络关系嵌入情况。

5.2.2　中介变量：资源整合能力

企业资源整合能力是一种动态能力，是企业充分、高效利用其内外部资源或者通过整合内外部资源以产生新资源的能力，可以以企业自身为界划分出两个维度：一是企业面向外部的能力，包括资源识别能力和获取能力；另一个是企业内在资源组合与使用的能力，包括资源配置能力和利用能力（Ge & Dong，2009；马鸿佳等（2010）。本书参照了 Ge 和 Dong（2009）、马鸿佳等（2010）

等人的研究结果，分别设置了 7 个题项和 6 个题项来测量资源识取能力和资源配用能力。具体的测量指标见表 5-2。

表 5-2 资源整合能力（RI）的测量

维度	编号	测量题项	文献来源
资源识取能力	RI_{11}	本企业能够识别并获取财务资源	Ge 和 Dong（2009）、马鸿佳等（2010）
	RI_{12}	本企业能够识别并获取实物资源	
	RI_{13}	本企业能够识别并获取人力资源	
	RI_{14}	本企业能够识别并获取智力资源	
	RI_{15}	本企业能够识别并获取组织资源	
	RI_{16}	本企业能够识别网络价值并获取关键资源	
	RI_{17}	本企业能够了解竞争对手的情况并获取必要的信息和知识	
资源配用能力	RI_{21}	本企业能够剥离无用的资源	
	RI_{22}	本企业能够在各部门之间配置利用潜在的知识和技能	
	RI_{23}	本企业能够根据既定目标绑定并利用各类资源	
	RI_{24}	本企业能够根据各类资源的特点绑定并利用这些资源	
	RI_{25}	本企业能够利用个人资源禀赋来撬动其他资源为企业服务	
	RI_{26}	本企业能够利用组织资源禀赋来撬动其他资源为企业服务	

5.2.3 因变量：企业创新绩效

企业创新绩效是对企业技术创新活动效率和效果的评价，是衡量企业创新活动的效益和效率的重要指标，是构成企业绩效的重要组成部分。目前关于创新绩效的衡量方法主要分为两类：一类是制定与研究相关的题项，通过向研究对象企业发放调查问卷来获取比较主观的数据（林筠 等，2016；刘学元 等，2016）；另一类是通过对企业公开数据进行收集，形成比较客观的依据，主要包括研发投入、专利数量、新产品销售情况等指标（Shafique，2013；邹双，成力为，2017；黄建新，李孟珂，2020）

本书借鉴 Gemuden 等（1996）、Bell（2005）的研究结果，从产品创新、工艺创新等方面设置了4个题项来测量企业的创新绩效。具体的测量指标见表5-3。

和自变量相对应，本书也需要被调查者分别填写企业建立以来以及2016—2018年三年的创新绩效。

表5-3 创新绩效（IP）的测量

维度	编号	测量题项	文献来源
创新绩效	IP_1	与同行相比，本企业推出新产品的速度更快	Gemuden等（1996）、Bell（2005）
	IP_2	与同行相比，本企业推出新产品的数量更多	
	IP_3	与同行相比，本企业的投入产出效率更高	
	IP_4	与同行相比，本企业的工艺流程更先进	

5.2.4 调节变量

（1）企业规模①

企业规模是影响创新绩效的重要因素（Montoya-Weiss & Calantone, 1994）。在具体的操作上，本书用企业员工数量来表征企业规模（Leipone & Drejer, 2007；彭新敏，2009；应洪斌，2011）。本书依照国家统计局《统计上大中小型企业划分办法（暂行）》（国统字〔2003〕17号）中制造业企业规模划分标准，从业人员数量300人以下的属于小微型企业，从业人员数量300人以上属于大中型企业，将企业员工超过300人的样本企业界定为规模较大企业，将不足300人的样本企业界定为规模较小企业。

（2）市场竞争程度

市场竞争程度是指企业在所处行业中基于成本压缩和价格战所面临的竞争激烈程度（Covin & Slevin, 1989；Guant, 1995；Zahra & Bogner, 2000），能够准确反映出所处行业内部的价格和非价格的竞争情况、竞争对手数量以及产品同质性程度等（Matusik & Hill, 1998；奉小斌，2016）。

市场竞争程度主要通过行业中的竞争对手数量、价格竞争状况、产品是否

① 在“情境因素下‘双重网络关系嵌入平衡模式—创新绩效’”模型中，企业规模是调节变量。

容易被模仿、利润高低等指标来进行衡量（Birkinshaw et al.，1998；Covin et al，2000；Jansen，2006）。本书根据 Jansen（2006）等的研究，从行业竞争强度、竞争对手数量、价格战等方面设置了 4 个题项来测量市场竞争程度。具体的测量指标见表 5-4。

表 5-4　市场竞争程度（MC）的测量

维度	编号	测量题项	文献来源
市场竞争程度	MC_1	所在行业经常会展开价格战	Birkinshaw 等（1998）、Covin 等（2000）、Janse（2006）
	MC_2	所在行业的竞争对手数量很多	
	MC_3	所在行业竞争强度很高，产品很容易被模仿	
	MC_4	所在行业边际利润较低	

5.2.5　控制变量

本书的因变量创新绩效是一个多因素共同作用的结果（Leiponen & Drejer，2007；Rothaermal & Hess，2007），除了考虑双重网络关系嵌入、资源整合能力、市场竞争程度等，还可能会有其他因素对研究结果产生影响，因而在实证研究中需要对其他因素进行相应的控制。根据本书的具体情况并秉承学者们的主流观点，本书将企业规模、企业存续年限、产业类型等列为控制变量。

（1）企业规模①

企业规模越大，越有可能拥有更多的资源，因而企业规模是影响创新绩效的重要因素（Montoya-Weiss & Calantone，1994）。本书采用企业员工人数来测量该变量（Leipone & Drejer，2007；彭新敏，2009；应洪斌，2011）。

（2）企业存续年限

企业经营时间越长，越有可能积累更多的知识和技术（刘雪锋，2007；许冠南，2008；应洪斌，2011），因而企业存续时间很有可能影响企业的学习能力和创新行为（Zahra et al.，2000；Arnold et al.，2011）。本书采用企业成立年限来测量该变量。

（3）产业类型

不同的行业可能对企业创新活动产生不同影响（Laursen & Salter，2006）。制造业产业类型较多，一般而言，高技术产业创新能力相对较强，传统制造产

① 在“双重网络关系嵌入及其平衡—创新绩效”模型中，企业规模是控制变量。

业的创新性可能不够突出（吴晓冰，2009）。本书采用企业所属制造业产业类型来测量该变量。

5.3 数据收集和有效性控制

5.3.1 调研对象选择

作为我国六大老工业基地之一、国家重要的现代制造业基地，重庆已形成了全球最大的电子信息产业集群和国内最大的汽车产业集群和摩托车产业集群，是全球最大的笔记本电脑生产基地和全球第二大手机生产基地，外向型经济正处于蓬勃发展的时期。以往关于外向型企业双重网络的研究多是以沿海发达地区的企业为样本，本书以重庆外向型企业为样本进行研究，可以为此类研究提供更多的实证数据，且对于内陆地区的外向型经济发展具有一定的借鉴意义。

在确定调研对象时，本书拟定了样本选择条件：①必须是重庆市外向型制造业企业，一是避免不同区域经济发展水平差异带来的影响，二是同为制造业的外向型企业在网络结构上具有可比性；②样本企业的存续年限必须在五年或以上，以确保所需数据的采集；③问卷填写者定位于企业主或企业建立之初就在职的企业高层管理人员，以确保答卷者对企业的外部联系情况和工艺技术水平有足够的认识和了解。

5.3.2 问卷的发放与回收

本书的调查对象是重庆外向型制造企业。为了提高问卷的回收率，确保问卷回答的有效性和可靠性，本书主要通过以下途径发放和回收问卷：

（1）委托政府相关部门（区县级经信委、开发区管委会、高新区管委会等）帮助发放和回收问卷。为确保问卷发放对象的准确性，我们要求工作人员必须严格按照外向型企业的标准（有产品出口的对外经营企业）选择所属地域内的外向型制造企业的高层管理者作为调研对象。

（2）借助重庆三所高校的 MBA 教育中心，依靠其 MBA 和 EMBA 学员的人脉关系，通过邮件方式发放和回收问卷。在发放过程中一直积极与发放者沟通以确保调研对象属于外向型制造企业的高层管理者。

（3）通过付费让专业咨询公司寻找外向型制造企业的高层管理者填写问卷。

整个问卷发放和回收的过程从2019年10月开始，到2020年8月结束（期间受新冠疫情的影响，时间有所延长），共发放调查问卷512份，回收358份。鉴于本书要考察长期和短期的外向型企业本土网络和海外网络的关系嵌入状况，因而要求样本企业的成立年限必须在五年以上，存续年限不符合要求的予以剔除。除此以外，还有部分问卷选项出现明显规律性（成片保持同样的选择、连续勾选12345等），部分问卷中有五处以上题项漏填，这些都作为无效问卷予以剔除。剔除不符合要求问卷后，剩余有效问卷272份。问卷发放和回收的具体情况如表5-5所示。

表5-5 问卷发放和回收情况

发放途径	发放数量	回收数量	有效数量	回收率	有效率
委托政府相关机构发放	138	92	78	66.7%	56.5%
委托MBA、EMBA学员邮件发放	124	54	32	43.5%	25.8%
委托专业咨询公司发放	250	212	162	84.8%	64.8%
合计	512	358	272	69.9%	53.1%

5.3.3 共同方法偏差检验

鉴于本书主要变量的测量都源于同一问卷，而从单一被试处取得所有信息的问卷数据很有可能出现同源偏差，为避免共同方法偏差对研究结果产生影响，根据Podsakoff和Organ（1986）的做法，本书从问卷设计和统计方法两方面入手，采取了一定措施来规避共同方法偏差的问题。

在制定调查问卷时，本书借鉴周浩和龙立荣（2004）的做法，采用问卷编排法、注明答案无对错、匿名问卷测试、使用清晰语句等方法，尽量减少问卷填写者的答题偏差，减弱一致性倾向。

在统计控制上，本书采用Harman单因子检验方法对共同方法偏差效应进行检验，对问卷中所有题项做了探索性因子分析。未旋转时得到的第一个公因子的载荷量为14.435%，未占到多数，表明不存在严重的同源方法偏差问题。

5.4 统计方法

本书主要通过SPSS19.0软件对调查问卷收集的数据进行描述性数理统计、

测量工具检验以及多元回归等数据分析处理。具体统计方法包括：

（1）信度和效度检验。本书对模型中所涉及的各个变量进行信度、效度分析。采用 Cronbach's α 系数作为检验李克特量表内部一致性信度的指标，采用探索性因子分析检验各个变量的结构效度。

（2）相关分析。本书考察了双重网络关系嵌入、资源整合能力、创新绩效、企业规模、市场竞争程度以及控制变量之间的相关性，以此作为后续多元回归分析的基础。

（3）多元回归分析。本书主要采用多元回归分析方法具体分析模型中双重网络关系嵌入及其平衡和创新绩效之间的关系、资源整合能力的中介效应以及企业规模和市场竞争程度对双重网络关系嵌入平衡模式和创新绩效关系的调节效应。

5.5 本章小结

本章主要介绍了本书所采取的实证研究方法（包括设计的调查问卷），对外向型企业双重网络关系嵌入、资源整合能力、创新绩效、市场竞争程度等变量进行测度的量表，数据发放和搜集的方法和途径，以及对问卷调查可能导致的共同方法偏差进行的相关检验。

6 实证研究

本章依据调查问卷获取的数据，采用相关分析、回归分析等方法检验了“双重网络关系嵌入及其平衡与创新绩效”“双重网络关系嵌入及其平衡与资源整合能力”“资源整合能力与创新绩效”的假设关系，以及不同企业规模、不同市场竞争程度下“双重网络关系嵌入同时平衡模式—创新绩效”“双重网络关系嵌入间断平衡模式—创新绩效”的假设关系，并验证了两个概念模型。

6.1 描述性统计分析

本书对回收的 272 份有效问卷进行数据统计，样本企业的基本信息详见表 6-1。

表 6-1 有效样本企业的基本信息统计

统计内容	测量编号	内容分类	企业数量	所占比例	累计百分比
企业规模	1	300 人及以下	118	43.4%	43.4%
	2	301~1 000 人	87	32.0%	75.4%
	3	1 000 人以上	67	24.6%	100%
企业存续时间	1	5~7 年	91	33.5%	33.5%
	2	8~12 年	127	46.7%	80.2%
	3	12 年以上	54	19.8%	100%

表6-1(续)

统计内容	测量编号	内容分类	企业数量	所占比例	累计百分比
产业类型	1	IT 智能	67	24.7%	24.7%
	2	装备	36	13.2%	37.9%
	3	生物医药	25	9.2%	47.1%
	4	交通运输设备	42	15.4%	62.5%
	5	电气机械及器材	36	13.2%	75.7%
	6	新材料	20	7.4%	83.1%
	7	纺织服装	21	7.7%	90.8%
	8	家具、陶瓷	11	4%	94.8%
	9	皮具	14	5.2%	100%

从企业规模看，样本企业中 300 人及以下的中小型企业占到 43.4%，301 ~1 000 人的企业占到 32.0%，1 000 人以上的大型企业占到 24.6%；从企业存续年限看，样本企业中成立时间为 5~7 年的占到 33.5%，8~12 年的企业比重较高，占比达到了 46.7%，12 年以上的企业占到 19.8%；从产业类型看，样本企业涵盖了 IT 智能，装备，生物医药，交通运输设备，电气机械及器材，材料，纺织服装，家具、陶瓷，皮具等行业，其中 IT 智能、交通运输设备和电气机械及器材的占比比较高，分别达到了 24.7%、15.4%和 13.2%，属于高技术产业的样本企业（83.1%）明显高于传统产业（16.9%）。

6.2 信度和效度检验

信度（reliability）是指对同一对象进行重复测量时所得结果的一致程度。信度是对量表的一致性或稳定性的衡量，也是构建效度的必要条件。效度（validity）是指量表测量的有效性程度，即量表的准确性和有用性（刘军，2004）。为确保调查问卷的准确性和统计分析结论的科学性，本书采用 SPSS19.0 软件对问卷的信度和效度进行分析。

6.2.1 信度分析

鉴于本书使用的量表中各题项反映的都是同一独立概念的不同侧面，相关性较高，因此采用内部一致性信度方法来进行信度分析，用 Cronbach's α 系数来衡量变量量表的信度。Cronbach's α 系数越大，表示题项之间的相关性越好。一般而言，Cronbach's α 值应至少达到 0.7（Nunnally，1994），如果大于 0.8 则表示内部一致性极好。为了剔除信度较低的题项，本书还使用了题项—总体相关系数（CITC）净化测量条款，采用 CITC 值大于 0.35 作为净化测量题项的标准（李怀组，2004）。

6.2.1.1　双重网络关系嵌入的 CITC 分析和信度检验

如表 6-2 所示，双重网络关系嵌入的所有题项的 CITC 值均大于 0.6，超过了 0.35 的标准；Alpha if Item Deleted 值也表明在该量表中删减任何题项，量表的 Cronbach's α 值都不会有明显改变。最终本土网络关系嵌入整体测量表的 Cronbach's α 为 0.854，海外网络关系嵌入整体测量表的 Cronbach's α 为 0.847，表明测量量表具有较高的信度。

表 6-2　双重网络关系嵌入（RE）的 CITC 分析和信度检验

维度	Item	CITC	Alpha if Item Deleted	Cronbach's α
本土网络关系嵌入	RE_{11}	0.693	0.823	0.854
	RE_{12}	0.772	0.810	
	RE_{13}	0.753	0.812	
	RE_{14}	0.714	0.837	
海外网络关系嵌入	RE_{21}	0.706	0.831	0.847
	RE_{22}	0.756	0.781	
	RE_{23}	0.734	0.776	
	RE_{24}	0.748	0.801	

6.2.1.2　资源整合能力的 CITC 分析和信度检验

如表 6-3 所示，资源整合能力的所有测量题项的 CITC 值均大于 0.6，超过了 0.35 的标准；Alpha if Item Deleted 值也表明在资源整合能力量表中删减任何题项，量表的 Cronbach's α 值都不会有明显改变。最终资源识取能力整体测量表的 Cronbach's α 为 0.854，资源配用能力整体测量表的 Cronbach's α 为 0.871，表明该测量量表具有较高的信度。

表 6-3　资源整合能力（RI）的 CITC 分析和信度检验

维度	Item	CITC	Alpha if Item Deleted	Cronbach's α
资源识取能力	RI_{11}	0.732	0.792	0.854
	RI_{12}	0.658	0.821	
	RI_{13}	0.723	0.804	
	RI_{14}	0.707	0.813	
	RI_{15}	0.684	0.802	
	RI_{16}	0.751	0.841	
	RI_{17}	0.688	0.812	0.871
资源配用能力	RI_{21}	0.726	0.832	
	RI_{22}	0.699	0.822	
	RI_{23}	0.745	0.837	
	RI_{24}	0.687	0.854	
	RI_{25}	0.724	0.845	
	TI_{26}	0.731	0.825	

6.2.1.3　创新绩效的 CITC 分析和信度检验

如表 6-4 所示，创新绩效的所有测量题项的 CITC 值均大于 0.6，超过了 0.35 的标准；Alpha if Item Deleted 值也表明在创新绩效量表中删减任何题项，量表的 Cronbach's α 值都不会有明显改变。最终创新绩效整体测量表的 Cronbach's α 为 0.884，表明该测量量表具有较高的信度。

表 6-4　创新绩效（IP）的 CITC 分析和信度检验

维度	Item	CITC	Alpha if Item Deleted	Cronbach's α
创新绩效	IP_1	0.727	0.843	0.884
	IP_2	0.751	0.821	
	IP_3	0.758	0.835	
	IP_4	0.761	0.856	

6.2.1.4　市场竞争程度的 CITC 分析和信度检验

如表 6-5 所示，市场竞争程度的所有测量题项的 CITC 值均大于 0.6，超过了 0.35 的标准；Alpha if Item Deleted 值也表明在市场竞争程度量表中删减任何题项，量表的 Cronbach's α 值都不会有明显改变。最终市场竞争程度整体测量表的 Cronbach's α 为 0.832，表明该测量量表具有较高的信度。

表 6-5　市场竞争程度（MC）的 CITC 分析和信度检验

维度	Item	CITC	Alpha if Item Deleted	Cronbach's α
市场竞争程度	MC_1	0.713	0.799	0.832
	MC_2	0.683	0.822	
	MC_3	0.725	0.793	
	MC_4	0.676	0.814	

6.2.2　效度分析

本书使用的量表都是在以往的成熟量表基础上开发的，因而量表的内容效度符合研究要求，对于量表的结构效度则采用探索性因子分析法进行检验（吴明隆，2003）。

在对各变量维度进行因子提取之前，必须先进行样本充分性检验即 KOM 测试系数检测和 Bartlett 球体检验，以判断是否可以进行因子分析。一般认为，KMO 大于 0.7，且 Bartlett 球体检验的结果显著，才能进行探索性因子分析（马庆国，2002）。

6.2.2.1　双重网络关系嵌入

本书先对本土网络关系嵌入和海外网络关系嵌入进行了 KOM 检测和 Bartlett 球形检验，结果显示 KOM 值分别为 0.781 和 0.829，且 Bartlett 球形检验显著性都为 0.000，说明数据具有很高的相关性，可以进行因子分析。本书继续对本土网络关系嵌入和海外网络关系嵌入进行探索性因子分析，结果如表 6-6所示。因子分析和旋转后得到的各题项的因子载荷均大于 0.7，累计方差贡献率超过了 60%的标准，说明量表具有较高的效度。

表 6-6　双重网络关系嵌入（RE）的探索性因子分析结果

维度	Item	因子载荷	累计方差贡献率	KMO 值	Bartlett 球形检验	
					卡方值	显著性
本土网络关系嵌入	RE_{11}	0.832	68.654%	0.781	483.756	0.000
	RE_{12}	0.877				
	RE_{13}	0.808				
	RE_{14}	0.771				
海外网络关系嵌入	RE_{21}	0.862	79.457%	0.829	512.469	0.000
	RE_{22}	0.925				
	RE_{23}	0.857				
	RE_{24}	0.903				

6.2.2.2　资源整合能力

本书先对资源识取能力和资源配用能力进行了 KOM 检测和 Bartlett 球形检验，结果显示 KOM 值分别为 0.774 和 0.816，且 Bartlett 球形检验显著性都为 0.000，说明数据具有很高的相关性，可以进行因子分析。本书继续对资源识取能力和资源配用能力进行探索性因子分析，结果如6-7 所示。因子分析和旋转后得到的各题项的因子载荷均大于 0.7，累计方差贡献率超过了 60%的标准，说明量表具有较高的效度。

表 6-7　资源整合能力（RI）的探索性因子分析结果

维度	Item	因子载荷	累计方差贡献率	KMO 值	Bartlett 球形检验	
					卡方值	显著性
资源识取能力	RI_{11}	0.804	74.764%	0.774	534.302	0.000
	RI_{12}	0.856				
	RI_{13}	0.863				
	RI_{14}	0.811				
	RI_{15}	0.842				
	RI_{16}	0.783				
	RI_{17}	0.855				

表6-7(续)

维度	Item	因子载荷	累计方差贡献率	KMO 值	Bartlett 球形检验	
					卡方值	显著性
资源配用能力	RI_{21}	0.862	77.884%	0.816	541.780	0.000
	RI_{22}	0.902				
	RI_{23}	0.857				
	RI_{24}	0.914				
	RI_{25}	0.831				
	RI_{26}	0.817				

6.2.2.3 创新绩效

本书先对创新绩效进行了 KOM 检测和 Bartlett 球形检验，结果显示 KOM 值为 0.823，且 Bartlett 球形检验显著性都为 0.000，说明数据具有很高的相关性，可以进行因子分析。

本书继续对创新绩效进行探索性因子分析，结果如表 6-8 所示。因子分析和旋转后得到的各题项的因子载荷均大于 0.7，累计方差贡献率超过了 60%的标准，说明量表具有较高的效度。

表 6-8 创新绩效（IP）的探索性因子分析结果

维度	Item	因子载荷	累计方差贡献率	KMO 值	Bartlett 球形检验	
					卡方值	显著性
创新绩效	IP_1	0.832	73.364%	0.823	421.497	0.000
	IP_2	0.877				
	IP_3	0.808				
	IP_4	0.903				

6.2.2.4 市场竞争程度

本书先对市场竞争程度进行了 KOM 检测和 Bartlett 球形检验，结果显示 KOM 值为 0.796，且 Bartlett 球形检验显著性都为 0.000，说明数据具有很高的相关性，可以进行因子分析。本书继续对市场竞争程度进行探索性因子分析，结果如 6-9 所示。因子分析和旋转后得到的各题项的因子载荷均大于 0.7，累计方差贡献率超过了 60%的标准，说明量表具有较高的效度。

表 6-9 市场竞争程度（MC）的探索性因子分析结果

维度	Item	因子载荷	累计方差贡献率	KMO 值	Bartlett 球形检验	
					卡方值	显著性
创新绩效	MC_1	0.819	80.342%	0.796	483.364	0.000
	MC_2	0.785				
	MC_3	0.832				
	MC_4	0.874				

6.3 "双重网络关系嵌入及其平衡—创新绩效"模型及假设验证

6.3.1 相关分析

本书先通过 SPSS19.0 软件考察了各变量之间的相关关系，相关系数如表 6-10 所示。其中，企业规模、企业存续时间、双重网络关系嵌入、资源识取能力、资源配用能力均与创新绩效显著正相关；双重网络关系嵌入与资源识取能力和资源配用能力均显著正相关。相关分析的结果初步验证了理论模型中的基本相关关系。

表 6-10 各变量之间的相关分析

变量名称	1	2	3	4	5	6	7
1. 企业规模	1						
2. 企业存续时间	0.441**	1					
3. 产业类型	0.002	-0.071	1				
4. 双重网络关系嵌入	0.646**	0.278**	-0.069	1			
5. 资源识取能力	0.550**	0.208**	-0.084	0.682**	1		
6. 资源配置能力	0.547**	0.176**	-0.069	0.672**	0.921**	1	
7. 创新绩效	0.551**	0.198**	-0.080	0.671**	0.928**	0.922**	1

注：$N=272$。** 表示在 0.01 水平（双侧）上显著相关。

6.3.2 三大问题检验

为了确保多元线性回归方法的可行性和科学性，本书对回归模型进行多重共线性、异方差以及序列相关性等三大问题的检验（马庆国，2002）。

（1）多重共线性检验。当若干个变量之间高度相关时，容易出现多重共线性问题，降低回归系数的估计准确度（Cohen et al.，2003）。统计分析中，我们一般通过测量方差膨胀因子和容忍度来判断变量之间是否存在多重共线性问题。Cohen 等（2003）认为，当 TOL>0.1 且 VIF<10 时，变量之间不存在多重共线性。本书的多元回归分析结果显示，所有回归模型的自变量、中介变量、因变量的 TOL 值均大于 0.5，且 VIF 均小于 5，这表明本书的主要变量之间不存在严重多重共线性问题。

（2）异方差检验。异方差问题通常可以通过做残差散点图的方法进行判断。本书以标准化预测值为横坐标、标准化残差为纵坐标进行残差项的散点图分析，结果显示所有回归模型中均不存在严重的异方差问题。

（3）序列相关性检验。通常通过计算各个回归模型的 Durbin-Watson 值来判断序列相关性问题，一般 Durbin-Watson 值接近 2 表明样本数据不存在序列相关性问题（朱平芳，2004）。本书的数据源于随机抽取的横截面数据，理论上不存在序列相关性问题。而且，本书所有模型的 Durbin-Watson 值均接近 2，表明本书的回归模型不存在严重的序列相关性问题。

6.3.3 双重网络关系嵌入及其平衡与创新绩效的关系检验

本书用分层回归方法检验双重网络关系嵌入及其平衡对企业创新绩效的影响。模型 1-1 旨在分析控制变量企业规模、企业存续时间和产业类型对因变量企业创新绩效的影响；模型 1-2、模型 1-3 分别在模型 1 基础上加入自变量双重网络关系嵌入和双重网络关系嵌入平衡，旨在分析上述自变量对企业创新绩效的影响；模型 1-4 在模型 1-2 的基础上加入双重网络关系嵌入平衡，旨在分析所有自变量对企业创新绩效的影响。

其中，双重网络关系嵌入平衡采用“｜本土网络关系嵌入—海外网络关系嵌入｜”表示，此方法已被国内外多名学者用于测量二元平衡关系（He & Wang，2004；张婧、段艳玲，2010）。为方便解释，我们用“5—｜本土网络关系嵌入—海外网络关系嵌入｜”来测量二者的平衡度，该值越高则说明二者平衡水平越高。经过分层回归分析后，具体结果见表 6-11。

与模型 1-1 相比，模型 1-2、模型 1-3、模型 1-4 的 Adjusted R^2 均明显增

加，说明加入自变量后模型更有解释力度。从模型 1-2、模型 1-3 的回归分析结果可以看出，双重网络关系嵌入、双重网络关系嵌入平衡与企业创新绩效的 β 值分别为 0.534（P<0.01）和 0.647（P<0.01），且 F 值分别为 61.020（P<0.01）和 127.110（P<0.01），表明集双重网络关系嵌入和双重网络关系嵌入平衡都对企业创新绩效具有显著的正向影响，假设 H_1 和 H_2 得到基本验证。为进一步探讨所有自变量对因变量的共同作用，模型 1-4 在模型 1-2 的基础上增加了双重网络关系嵌入平衡变量。其回归分析结果表明，和模型 1-2 相比，模型 1-4 的 Adjusted R^2 有所增加，说明双重网络关系嵌入能显著正向影响创新绩效（β=0.271，P<0.01），而双重网络关系嵌入平衡能更进一步地提高创新绩效（β=0.557，P<0.01；F=119.221，P<0.01），因此假设 H_1 和假设 H_2 得到验证。

表 6-11　双重网络关系嵌入及其平衡与企业创新绩效的关系

	创新绩效			
	模型 1-1	模型 1-2	模型 1-3	模型 1-4
企业规模	0.579**	0.230**	0.291**	0.154**
企业存续时间	-0.063	-0.054	-0.028	-0.029
产业类型	-0.086	-0.048	-0.063	-0.047
双重网络关系嵌入		0.534**		0.271**
双重网络关系嵌入平衡			0.647**	0.557**
F	40.719**	61.020**	127.110**	119.221**
R^2	0.313	0.478	0.656	0.691
Adjusted R^2	0.305	0.470	0.651	0.686

注：*N*=272。** 表示在 0.01 水平（双侧）上显著相关，* 表示在 0.05 水平（双侧）上显著相关。

虽然从模型 1-2、模型 1-3 的回归分析结果看出，双重网络关系嵌入和双重网络关系嵌入平衡都对创新绩效有显著正向作用，但它们的作用大小是不同的，双重网络关系嵌入平衡对创新绩效的回归系数为 0.647，大于双重网络关系嵌入对创新绩效的回归系数 0.534，表明双重网络关系嵌入平衡对企业创新绩效发挥的作用更大，假设 H_3 得到验证。

6.3.4　双重网络关系嵌入及其平衡与资源整合能力的关系检验

本书用分层回归方法检验双重网络关系嵌入及其平衡对企业资源整合能力

的影响。模型 2-1 和模型 2′-1 旨在分析控制变量企业规模、企业存续时间和产业类型对企业资源识取能力和资源配用能力的影响；模型 2-2、模型 2-3 分别在模型 2-1 基础上加入自变量双重网络关系嵌入和双重网络关系嵌入平衡，旨在分析上述自变量对企业资源识取能力的影响；模型 2′-2、模型 2′-3 分别在模型 2′-1 基础上加入自变量双重网络关系嵌入和双重网络关系嵌入平衡，旨在分析上述自变量对企业资源配用能力的影响；模型 2-4 在模型 2-2 的基础上加入双重网络关系嵌入平衡，旨在分析所有自变量对企业资源识取能力的影响；模型 2′-4 在模型 2′-2 的基础上加入双重网络关系嵌入平衡，旨在分析所有自变量对企业资源配用能力的影响。分层回归分析后的具体结果见表 6-12。

与模型 2-1 相比，模型 2-2、模型 2-3、模型 2-4 的 Adjusted R^2均明显增加，说明加入自变量后模型更有解释力度。从模型 2-2、模型 2-3 的回归分析结果可以看出，双重网络关系嵌入、双重网络关系嵌入平衡与企业资源识取能力的 β 值分别为 0. 554（P<0. 01）和 0. 611（P<0. 01），且 F 值分别为 63. 998（P<0. 01）和 107. 919（P<0. 01），表明集双重网络关系嵌入和双重网络关系嵌入平衡都对企业资源识取能力具有显著的正向影响，假设 H_{4a}和 H_{5a}得到基本验证。为进一步探讨所有自变量对因变量的共同作用，模型 2-4 在模型 2-2 的基础上增加了双重网络关系嵌入平衡变量。其回归分析结果表明，和模型 2-2 相比，模型 2-4 的 Adj. R^2有所增加，说明双重网络关系嵌入能显著正向影响资源识取能力（β=0. 316，P<0. 01），而双重网络关系嵌入平衡能更进一步地提高资源识取能力（β=0. 506，P<0. 01；F=106. 370，P<0. 01），因此假设 H_{4a}和假设 H_{5a}得到验证。

虽然从模型 2-2、模型 2-3 的回归分析结果看出，双重网络关系嵌入和双重网络关系嵌入平衡都对资源识取能力有显著正向作用，但其作用大小是不同的，双重网络关系嵌入平衡对资源识取能力的回归系数为 0. 611，大于双重网络关系嵌入对创新绩效的回归系数 0. 554，表明双重网络关系嵌入平衡对企业资源识取能力发挥的作用更大，假设 H6a 得到验证。

表 6-12 双重网络关系嵌入及其平衡与企业资源配置能力的关系

	资源识取能力				资源配用能力			
	模型 2-1	模型 2-2	模型 2-3	模型 2-4	模型 2′-1	模型 2′-2	模型 2′-3	模型 2′-4
企业规模	0.573**	0.211**	0.301**	0.141**	0.586**	0.232**	0.334**	0.169**
企业存续时间	-0.050	-0.042	-0.018	-0.019	-0.088	-0.079	-0.058	-0.058
产业类型	-0.089	-0.049	-0.067	-0.048	-0.076	-0.037	-0.056	-0.036
双重网络关系嵌入		0.554**		0.316**		0.542**		0.326**
双重网络关系嵌入平衡			0.611**	0.506**			0.565**	0.457**
F	40.528**	63.998**	107.919**	106.370**	40.169**	61.527**	89.232**	88.226**
R^2	0.312	0.489	0.618	0.666	0.310	0.480	0.572	0.624
Adjusted R^2	0.304	0.482	0.612	0.660	0.302	0.472	0.566	0.617

注：N=272。** 表示在 0.01 水平（双侧）上显著相关，* 表示在 0.05 水平（双侧）上显著相关。

与模型 2′-1 相比，模型 2′-2、模型 2′-3、模型 2′-4 的 Adj. R^2均明显增加，说明加入自变量后模型更有解释力度。从模型 2′-2、模型 2′-3 的回归分析结果可以看出，双重网络关系嵌入、双重网络关系嵌入平衡与企业资源配用能力的 β 值分别为 0.542（P<0.01）和 0.565（P<0.01），且 F 值分别为 61.527（P<0.01）和 89.232（P<0.01），表明集双重网络关系嵌入和双重网络关系嵌入平衡都对企业资源配用能力具有显著的正向影响，假设 H_{4b}和 H_{5b}得到基本验证。为进一步探讨所有自变量对因变量的共同作用，模型 2′-4 在模型 2′-2 的基础上增加了双重网络关系嵌入平衡变量。其回归分析结果表明，和模型 2′-2 相比，模型 2′-4 的 Adjusted R^2有所增加，说明双重网络关系嵌入能显著正向影响资源配用能力（β=0.326，P<0.01），而双重网络关系嵌入平衡能更进一步地提高资源识取能力（β=0.457，P<0.01；F=88.226，P<0.01），因此假设 H_{4b}和假设 H_{5b}得到验证。

虽然从模型 2′-2、模型 2′-3 的回归分析结果看出，双重网络关系嵌入和双重网络关系嵌入平衡都对资源配用能力有显著正向作用，但其作用大小是不同的。双重网络关系嵌入平衡对资源识取能力的回归系数为 0.565，大于双重网络关系嵌入对创新绩效的回归系数 0.542，表明双重网络关系嵌入平衡对企业资源配用能力发挥的作用更大，假设 H_{6b}得到验证。

6.3.5 资源整合能力与企业创新绩效的关系检验

本书用分层回归方法检验企业资源整合能力对企业创新绩效的影响。模型 3-1 旨在分析控制变量企业规模、企业存续时间和产业类型对企业创新能力的影响；模型 3-2、3-3 分别在模型 3-1 基础上加入自变量资源识取能力和资源配用能力，旨在分析上述自变量对企业创新绩效的影响。经过分层回归分析后，具体结果见表 6-13。

表 6-13 资源整合能力与企业创新绩效的关系

	创新绩效		
	模型 3-1	模型 3-2	模型 3-3
企业规模	0.579**	0.066*	0.060
企业存续时间	-0.063	-0.018	0.015
产业类型	-0.086	-0.007	-0.019
资源识取能力		0.895**	

表6-13(续)

	创新绩效		
	模型 3-1	模型 3-2	模型 3-3
资源配用能力			0.886 **
F	40.719 **	424.078 **	391.924 **
R^2	0.313	0.864	0.854
Adjusted R^2	0.305	0.862	0.852

与模型 3-1 相比，模型 3-2、模型 3-3 的 Adjusted R^2均明显增加，说明加入自变量后模型更有解释力度。从模型 3-2、模型 3-3 的回归分析结果可以看出，资源识取能力与资源配用能力和企业创新绩效的 β 值分别为 0.895（$P<0.01$）和 0.886（$P<0.01$），且 F 值分别为 424.078（$P<0.01$）和 391.924（$P<0.01$），表明资源识取能力和资源配用能力都对企业创新绩效具有显著的正向影响，假设 H_{7a}和 H_{7b}得到验证。

6.3.6 资源整合能力在双重网络关系嵌入及其平衡与创新绩效关系中的中介效应检验

本书采用最经典的中介效应检验步骤（温忠麟 等，2004）（如图 6-1 所示）验证了企业资源整合能力在双重网络关系嵌入和创新绩效之间的中介效应。

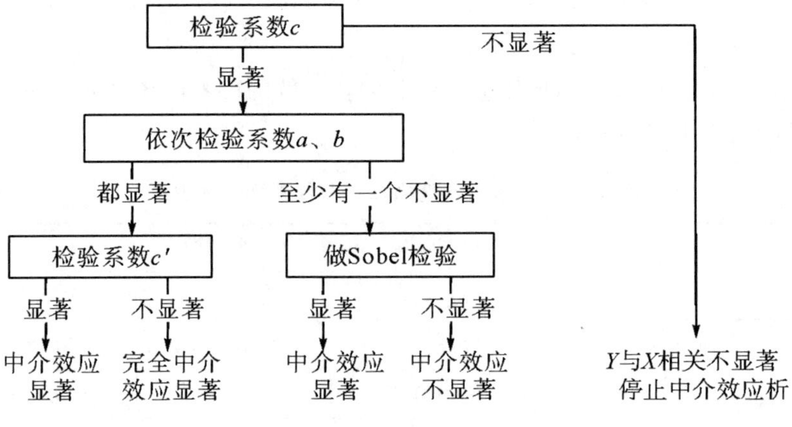

图 6-1　中介效应检验步骤

模型 4-1 旨在分析控制变量企业规模、企业存续时间和产业类型对企业创新能力的影响；模型 4-2 在模型 4-1 基础上加入自变量双重网络关系嵌入，旨在分析该自变量对企业创新绩效的影响。模型 4-3 和模型 4-3′旨在分析双重网络关系嵌入对资源整合能力的影响。模型 4-4 和模型 4-4′旨在分析双重网络关系嵌入和资源整合能力同时对创新绩效的影响。经过分层回归分析后，具体结果见表 6-14。

表 6-14 双重网络关系嵌入、资源整合能力和创新绩效的回归结果

变量	模型 4-1	模型 4-2	模型 4-3	模型 4-3′	模型 4-4	模型 4-4′
		创新绩效	资源识取能力	资源配用能力	创新绩效	创新绩效
企业规模	0.579**	0.230**	0.211**	0.232**	0.046	0.032
企业存续时间	-0.063	-0.054	-0.042	-0.079	-0.018	0.013
产业类型	-0.086	-0.048	-0.049	-0.037	-0.005	-0.016
双重网络关系嵌入		0.534**	0.554**	0.542**	0.051	0.071*
资源识取能力					0.871**	
资源配用能力						0.854**
F	40.719	61.020**	63.998**	61.527**	341.200**	318.016**
R^2	0.313	0.478	0.489	0.480	0.865	0.857
Adjusted R^2	0.305	0.470	0.482	0.472	0.863	0.854

注：*N*=272。** 表示在 0.01 水平（双侧）上显著相关；* 表示在 0.05 水平（双侧）上显著相关。

与模型 4-1 相比，模型 4-2、模型 4-4 和模型 4-4′的 Adjusted R^2 均明显增加，说明加入自变量后模型更有解释力度。从模型 4-2、模型 4-3 和模型 4-3′的回归分析结果可以看出，双重网络关系嵌入与企业创新绩效、资源识取能力和资源配用能力的 β 值分别为 0.534（P<0.01）、0.554（P<0.01）和 0.542（P<0.01），且 F 值分别为 61.020（P<0.01）、63.998（P<0.01）和 61.527（P<0.01），表明企业双重网络关系嵌入对企业创新绩效、资源识取能力、资源配用能力都具有显著的正向影响。在模型 4-4 中，资源识取能力与企业创新绩效的 β 值为 0.871（P<0.01），但双重网络关系嵌入与资源识取能力之间没有呈现出显著相关（β=0.051，P>0.05），这表明资源识取能力在双重网络关系嵌入和创新绩效之间起到了完全中介作用；在模型 4-4′中，资源配用能力与企业创新绩效的 β 值为 0.854（P<0.01），且双重网络关系嵌入与资源配用

能力之间呈现出显著相关（β=0.071，P<0.05），这表明资源配用能力在双重网络关系嵌入和创新绩效之间起到了部分中介作用。由此可知，资源识取能力和资源配用能力在双重网络关系嵌入对创新绩效的正向关系中起到了中介作用，即假设 H_{8a} 和 H_{8b} 得到验证。

模型 5-1 旨在分析控制变量企业规模、企业存续时间和产业类型对企业创新能力的影响；模型 5-2 在模型 5-1 基础上加入自变量双重网络关系嵌入平衡，旨在分析该自变量对企业创新绩效的影响。模型 5-3 和模型 5-3′旨在分析双重网络关系嵌入平衡对资源整合能力的影响。模型 5-4 和模型 5-4′旨在分析双重网络关系嵌入平衡和资源整合能力同时对创新绩效的影响。经过分层回归分析后，具体结果见表 6-15。

表 6-15　双重网络关系嵌入平衡、资源整合能力和创新绩效的回归结果

变量	模型 5-1	模型 5-2	模型 5-3	模型 5-3′	模型 5-4	模型 5-4′
		创新绩效	资源识取能力	资源配用能力	创新绩效	创新绩效
企业规模	0.579**	0.291**	0.301**	0.334**	0.061*	0.047
企业存续时间	-0.063	-0.028	-0.018	-0.058	-0.015	0.014
产业类型	-0.086	-0.063	-0.067	-0.056	-0.012	-0.022
双重网络关系嵌入平衡		0.647**	0.611**	0.565**	0.180**	0.235**
资源识取能力					0.764**	
资源配用能力						0.728**
F	40.719	127.110**	107.919**	89.232**	385.518**	399.717**
R^2	0.313	0.656	0.618	0.572	0.879	0.883
Adjusted R^2	0.305	0.651	0.612	0.566	0.876	0.880

注：N=272。** 表示在 0.01 水平（双侧）上显著相关，* 表示在 0.05 水平（双侧）上显著相关。

与模型 5-1 相比，模型 5-2、模型 5-4 和模型 5-4′的 Adjusted R^2 均明显增加，说明加入自变量后模型更有解释力度。从模型 5-2、模型 5-3 和模型 5-3′的回归分析结果可以看出，双重网络关系嵌入平衡与企业创新绩效、资源识取能力和资源配用能力的 β 值分别为 0.647（P<0.01）、0.611（P<0.01）和 0.565（P<0.01），且 F 值分别为 127.110（P<0.01）、107.919（P<0.01）和 89.232（P<0.01），表明企业双重网络关系嵌入平衡对企业创新绩效、资源识

取能力、资源配用能力都具有显著的正向影响。在模型 5-4 和模型 5-4′中，资源识取能力和资源配用能力与企业创新绩效的 β 值分别为 0.764（P<0.01）和 0.728（P<0.01），且双重网络关系嵌入平衡与资源识取能力和资源配置能力的 β 值分别为 0.180（P<0.01）和 0.235（P<0.01），这表明资源识取能力和资源配用能力在双重网络关系嵌入平衡和创新绩效之间起到了部分中介作用，意味着资源识取能力和资源配用能力在企业双重网络关系嵌入平衡对创新绩效的正向关系中起到了中介作用，即假设 H9a 和 H9b 得到验证。

6.4 “双重网络关系嵌入平衡模式—创新绩效”模型及假设验证

要分析外向型企业本土网络和海外网络关系嵌入平衡模式与企业创新绩效的关系，需要观察某一时期内外向型企业具体采取的策略，所以这里分析的数据来源于被调查者对外向型企业 2016—2018 年三年的双重网络关系嵌入和创新绩效的评价。

本书采用“本土网络关系嵌入 * 海外网络关系嵌入”表示双重网络关系嵌入的交互影响，若交互产生的影响为正，说明二者对企业创新绩效的正向影响具有互补效应；若交互产生的影响为负，则说明二者对企业创新绩效的正向影响具有替代效应。该方法也被国内外多名学者所采用（He & Wang，2004；刘霞等，2019）。

由于间断平衡模式是涉及纵向较长时间的战略行动，其直接测量非常困难，本书就借鉴了杨学儒等（2011）的测量方法，通过匹配企业初创时是否嵌入海外网络与 2016—2018 年三年嵌入本土网络或海外网络的程度来测量双重网络关系嵌入间断平衡。具体来讲可以分为两种情况：第一种情况（间断平衡 1），如果样本企业初创时已嵌入海外网络，那么其 2016—2018 年三年的嵌入本土网络的程度则代表了间断平衡的程度，没有嵌入海外网络的样本企业该项赋值为 0；第二种情况（间断平衡 2），如果样本企业初创时没有嵌入海外网络，那么其 2016—2018 年三年的嵌入海外网络的程度则代表了间断平衡的程度，嵌入海外网络的样本企业该项赋值为 0。然后将间断平衡 1 和间断平衡 2 相加，就得到间断平衡的值。该方法经过实证检验，具有很好的可行性和较高的可靠性。

本书仍采用“| 本土网络关系嵌入—海外网络关系嵌入 |”来表示双重网络关系嵌入同时平衡模式，此方法与测量双重网络关系平衡嵌入的方法虽然

一样，但由于分析的数据不同（分析双重网络关系平衡嵌入的数据来自被调查者对所在企业从成立以来的双重网络关系嵌入的评价，分析双重网络关系嵌入同时平衡模式的数据来自被调查者对所在企业2016—2018年三年的双重网络关系嵌入的评价），分析结果和分析目的就大不相同。

6.4.1 不同企业规模下“双重网络关系嵌入平衡模式—创新绩效”的关系验证

依照国家统计局《统计上大中小型企业划分办法（暂行）》（国统字〔2003〕17号）中制造业企业规模划分标准，从业人员数量300人以下的属于小微型企业，从业人员数量300人以上属于大中型企业。本书将样本企业划分为规模较小企业118个（300人以下）和规模较大企业154个（300人及以上），并在此基础上再进行分类检验。

先分析在规模较小企业中“双重网络关系嵌入平衡模式—创新绩效”的关系。模型6-1旨在分析控制变量企业存续时间和产业类型、自变量本土网络关系嵌入和海外关系嵌入对因变量企业创新绩效的影响；模型6-2、模型6-3、模型6-4分别在模型6-1的基础上加入自变量双重网络关系嵌入交互影响（在计算变量的交叉相之前，已对变量进行了中心化处理）、双重网络关系嵌入同时平衡、双重网络关系嵌入间断平衡，旨在分析上述自变量对企业创新绩效的影响；模型6-5在模型6-2的基础上加入双重网络关系嵌入同时平衡，旨在分析双重网络关系嵌入交互作用和双重网络关系嵌入同时平衡两个自变量对企业创新绩效的影响；模型6-6在模型6-2的基础上加入自变量双重网络关系嵌入间断平衡，旨在分析双重网络关系嵌入交互作用和双重网络关系嵌入间断平衡对企业创新绩效的影响。

规模较小企业的分层回归结果如表6-16所示。与模型6-1相比，模型6-2、模型6-3和模型6-4的Adj. R^2均明显增加，说明加入自变量后模型更有解释力度。从模型6-2的回归分析结果可以看出，本土网络关系嵌入和企业创新绩效没有显著相关关系（$\beta=-0.110$，$P>0.05$），海外网络关系嵌入和企业创新绩效呈显著的正相关关系（$\beta=0.656$，$P<0.01$），但二者的交互项对企业创新绩效却具有显著的负向影响（$\beta=-0.243$，$P<0.01$；$F=34.064$，$P<0.01$），说明两种网络关系嵌入对企业创新绩效存在显著的替代效应，因此假设H_{10a}得到验证。根据模型6-4的分析结果，两种网络关系嵌入采用间断平衡模式对企业创新绩效具有显著的正向影响（$\beta=0.458$，$P<0.01$；$F=49.580$，$P<0.01$），假设H_{10b}得到验证。模型6-3中，两种网络关系嵌入采用同时平衡模式对企业

创新绩效存在显著负向影响（β=-0.206，P<0.05；F=34.495，P<0.01），说明采用双重网络关系嵌入同时平衡模式不能有效促进外向型企业的创新绩效，假设 H_{10c} 得到验证。在间断平衡模式的全效应模型6-6中，本土网络关系嵌入和海外关系嵌入的交互项对企业创新绩效仍具有显著的负向影响（β=-0.264，P<0.01；F=49.703，P<0.01），两种网络关系嵌入采用间断平衡模式对企业创新绩效仍具有显著的正向影响（β=0.470，P<0.01；F=49.703，P<0.01），说明两种网络关系嵌入对企业创新绩效存在显著的替代效应，采用双重网络关系嵌入间断平衡模式能有效促进外向型企业的创新绩效，再次验证了假设 H_{10a} 和 H_{10b}。在同时平衡模式的全效应模型6-5中，本土网络关系嵌入和海外关系嵌入的交互项和两种网络关系嵌入同时平衡模式对企业创新绩效（β=-0.184，P<0.05；β=-0.162，P<0.05；F=30.689，P<0.01）都存在明显的负向影响，说明两种网络关系嵌入对企业创新绩效存在显著的替代效应，而采用双重网络关系嵌入同时平衡模式不能有效促进外向型企业的创新绩效，再次验证了假设 H_{10a} 和 H_{10c}。

表6-16 规模较小企业双重网络同时平衡和间断平衡对创新绩效的影响

	创新绩效					
	模型6-1	模型6-2	模型6-3	模型6-4	模型6-5	模型6-6
企业存续时间	-0.055	-0.094	-0.096	-0.029	-0.117	-0.071
产业类型	0.058	0.050	0.059	0.016	0.053	0.006
本土网络关系嵌入	-0.202**	-0.110	-0.208**	-0.150*	-0.137	-0.049
海外网络关系嵌入	0.815**	0.656**	0.883**	0.497**	0.748**	0.316**
双重网络关系嵌入交互作用		-0.243**			-0.184*	-0.264**
双重网络关系嵌入同时平衡			-0.206*		-0.162*	
双重网络关系嵌入间断平衡				0.458**		0.470**
F	37.348**	34.064**	34.495**	49.580**	30.689**	49.703**
R^2	0.569	0.603	0.606	0.689	0.624	0.729
Adjusted R^2	0.554	0.586	0.589	0.675	0.604	0.714

注：N=118。** 表示在0.01水平（双侧）上显著相关，* 表示在0.05水平（双侧）上显著相关。

然后再分析在规模较大企业中“双重网络关系嵌入平衡模式—创新绩效”的关系。模型7-1旨在分析控制变量企业存续时间和产业类型、自变量本土网络关系嵌入和海外关系嵌入对因变量企业创新绩效的影响；模型7-2、模型7-3、模型7-4分别在模型7-1的基础上加入自变量双重网络关系嵌入交互影响（在计算变量的交叉相之前，已对变量进行了中心化处理）、双重网络关系嵌入同时平衡、双重网络关系嵌入间断平衡，旨在分析上述自变量对企业创新绩效的影响；模型7-5在模型7-2的基础上加入双重网络关系嵌入同时平衡，旨在分析双重网络关系嵌入交互作用和双重网络关系嵌入同时平衡两个自变量对企业创新绩效的影响；模型7-6在模型7-2的基础上加入自变量双重网络关系嵌入间断平衡，旨在分析双重网络关系嵌入交互作用和双重网络关系嵌入间断平衡对企业创新绩效的影响。

表6-17　规模较大企业双重网络同时平衡和间断平衡对创新绩效的影响

	创新绩效					
	模型7-1	模型7-2	模型7-3	模型7-4	模型7-5	模型7-6
企业存续时间	0.121	0.086	0.088	0.056	0.073	0.049
产业类型	0.033	-0.030	-0.025	-0.024	-0.052	-0.052
本土网络关系嵌入	0.020	-0.268**	0.119	0.510**	-0.129	0.198
海外网络关系嵌入	0.512**	0.550**	0.041	0.954**	0.227*	0.870**
双重网络关系嵌入交互作用		0.520**			0.388**	0.345**
双重网络关系嵌入同时平衡			0.590**		0.392**	
双重网络关系嵌入间断平衡				-0.963**		-0.725**
F	15.814**	28.919**	25.652**	33.833**	30.580**	37.616**
R^2	0.298	0.494	0.464	0.533	0.555	0.606
Adjusted R^2	0.279	0.477	0.446	0.518	0.537	0.589

注：$N=154$。** 表示在0.01水平（双侧）上显著相关，* 表示在0.05水平（双侧）上显著相关。

规模较大企业的分层回归结果如表6-17所示。与模型7-1相比，模型7-2、模型7-3和模型7-4的Adj. R^2均明显增加，说明加入自变量后模型更有解释力度。从模型7-2的回归分析结果可以看出，本土网络关系嵌入和企业创新绩效呈显著负相关关系（β=-0.268，P<0.01），海外网络关系嵌入和企业创新绩效呈显著的正相关关系（β=0.550，P<0.01），但二者的交互项对企业创新绩效却具有显著的正向影响（β=0.520，P<0.01；F=28.919，P<0.01），说明两种网络关系嵌入对企业创新绩效存在显著的互补效应，因此假设 H_{11a} 得到验证。模型7-3中，两种网络关系嵌入采用同时平衡模式对企业创新绩效存在显著正向影响（β=0.590，P<0.01；F=25.652，P<0.01），说明采用双重网络关系嵌入同时平衡模式能有效促进外向型企业的创新绩效，假设 H_{11b} 得到验证。根据模型7-4的分析结果，两种网络关系嵌入采用间断平衡模式对企业创新绩效具有显著的负向影响（β=-0.963，P<0.01；F=33.833，P<0.01），说明采用双重网络关系嵌入间断平衡模式不能有效促进外向型企业的创新绩效，假设 H_{11c} 得到验证。在同时平衡模式的全效应模型7-5中，本土网络关系嵌入和海外关系嵌入的交互项和两种网络关系嵌入同时平衡模式对企业创新绩效（β=0.388，P<0.01；β=0.392，P<0.01；F=30.580，P<0.01）都存在明显的正向影响，说明两种网络关系嵌入对企业创新绩效存在显著的互补效应，采用双重网络关系嵌入同时平衡模式能有效促进外向型企业的创新绩效，再次验证了假设 H_{11a} 和 H_{11b}。在间断平衡模式的全效应模型7-6中，本土网络关系嵌入和海外关系嵌入的交互项对企业创新绩效仍具有显著的正向影响（β=0.345，P<0.01；F=37.616，P<0.01），两种网络关系嵌入采用间断平衡模式对企业创新绩效仍具有显著的负向影响（β=-0.725，P<0.01；F=37.616，P<0.01），说明两种网络关系嵌入对企业创新绩效存在显著的互补效应，而采用双重网络关系嵌入间断平衡模式不能有效促进外向型企业的创新绩效，再次验证了假设 H_{11a} 和 H_{11c}。

6.4.2 不同市场竞争程度下“双重网络关系嵌入平衡模式—创新绩效”的关系验证

本书首先计算市场竞争程度的评分均值，将大于均值的划入市场竞争较激烈的一类（121个企业），将小于均值的划入市场竞争较缓和的一类（151个企业）；然后在此基础上进行分类检验。

先分析在市场竞争较激烈的企业中“双重网络关系嵌入平衡模式—创新绩效”的关系。模型8-1旨在分析控制变量企业存续时间和产业类型、自变量本土网络关系嵌入和海外关系嵌入对因变量企业创新绩效的影响；模型8-2、模型8-3、模型8-4分别在模型8-1的基础上加入自变量双重网络关系嵌入交互影响（在计算变量的交叉相之前，已对变量进行了中心化处理）、双重网络关系嵌入同时平衡、双重网络关系嵌入间断平衡，旨在分析上述自变量对企业创新绩效的影响；模型 8-5 在模型 8-2 的基础上加入双重网络关系嵌入同时平衡，旨在分析双重网络关系嵌入交互作用和双重网络关系嵌入同时平衡两个自变量对企业创新绩效的影响；模型 8-6 在模型 8-2 的基础上加入自变量双重网络关系嵌入间断平衡，旨在分析双重网络关系嵌入交互作用和双重网络关系嵌入间断平衡对企业创新绩效的影响。

市场竞争较激烈的企业的分层回归结果如表 6-18 所示。与模型 8-1 相比，模型 8-2、模型 8-3 和模型 8-4 的 Adjusted R^2均明显增加，说明加入自变量后模型更有解释力度。从模型 8-2 的回归分析结果可以看出，本土网络关系嵌入和企业创新绩效没有显著相关关系（$\beta=-0.111$，$P>0.05$;），海外网络关系嵌入和企业创新绩效呈显著的正相关关系（$\beta=0.616$，$P<0.01$），但二者的交互项对企业创新绩效却具有显著的负向影响（$\beta=-0.190$，$P<0.01$；$F=22.237$，$P<0.01$），说明两种网络关系嵌入对企业创新绩效存在显著的替代效应，因此假设 H_{12a}得到验证。根据模型 8-4 的分析结果，两种网络关系嵌入采用间断平衡模式对企业创新绩效具有显著的正向影响（$\beta=0.541$，$P<0.01$；$F=39.333$，$P<0.01$），假设 H_{10b}得到验证。模型 8-3 中，两种网络关系嵌入采用同时平衡模式对企业创新绩效存在负向影响，但并不显著（$\beta=-0.135$，$P<0.05$；$F=21.820$，$P<0.01$），说明采用双重网络关系嵌入同时平衡模式不能有效促进外向型企业的创新绩效，假设 H_{12c}得到验证。在间断平衡模式的全效应模型 8-6 中，本土网络关系嵌入和海外关系嵌入的交互项对企业创新绩效仍具有显著的负向影响（$\beta=-0.258$，$P<0.01$；$F=38.680$，$P<0.01$），两种网络关系嵌入采用间断平衡模式对企业创新绩效仍具有显著的正向影响（$\beta=0.574$，$P<0.01$；$F=38.680$，$P<0.01$），说明两种网络关系嵌入对企业创新绩效存在显著的替代效应，采用双重网络关系嵌入间断平衡模式能有效促进外向型企业的创新绩效，再次验证了假设 H_{12a}和 H_{12b}。在同时平衡模式的全效应模型 8-5 中，本土网络关系嵌入和海外关系嵌入的交互项和两种网络关系嵌入同时平衡模式对企业创新绩效（$\beta=-0.146$，$P>0.05$；$\beta=-0.088$，$P>0.05$；$F=30.689$，$P<0.01$）都存在负向影响但不显著，说明采用双重网络关系嵌入同时平衡模式不能有效促进外向型企业的创新绩效，也再次验证了假设 H_{12c}。

表 6-18　市场竞争较激烈的企业双重网络同时平衡和间断平衡对创新绩效的影响

	创新绩效					
	模型 8-1	模型 8-2	模型 8-3	模型 8-4	模型 8-5	模型 8-6
企业存续时间	-0.015	-0.038	-0.032	-0.070	-0.043	-0.105
产业类型	0.131	0.131	0.140*	0.104	0.137*	0.103
本土网络关系嵌入	-0.190*	-0.111	-0.199**	-0.154*	-0.135	-0.045
海外网络关系嵌入	0.729**	0.616**	0.764**	0.368**	0.665**	0.192*
双重网络关系嵌入交互作用		-0.190*			-0.146	-0.258**
双重网络关系嵌入同时平衡			-0.135		-0.088	
双重网络关系嵌入间断平衡				0.541**		0.574**
F	25.697**	22.237**	21.820**	39.333**	18.823**	38.680**
R^2	0.470	0.492	0.487	0.631	0.498	0.671
Adjusted R^2	0.452	0.469	0.465	0.615	0.471	0.653

注：N=121。** 表示在 0.01 水平（双侧）上显著相关，* 表示在 0.05 水平（双侧）上显著相关

然后再分析在市场竞争较缓和的企业中“双重网络关系嵌入平衡模式创新绩效”的关系。模型 9-1 旨在分析控制变量企业存续时间和产业类型、自变量本土网络关系嵌入和海外关系嵌入对因变量企业创新绩效的影响；模型 9-2、模型 9-3、模型 9-4 分别在模型 9-1 的基础上加入自变量双重网络关系嵌入交互影响（在计算变量的交叉相之前，已对变量进行了中心化处理）、双重网络关系嵌入同时平衡、双重网络关系嵌入间断平衡，旨在分析上述自变量对企业创新绩效的影响；模型 9-5 在模型 9-2 的基础上加入双重网络关系嵌入同时平衡，旨在分析双重网络关系嵌入交互作用和双重网络关系嵌入同时平衡两个自变量对企业创新绩效的影响；模型 9-6 在模型 9-2 的基础上加入自变量双重网络关系嵌入间断平衡，旨在分析双重网络关系嵌入交互作用和双重网络关系嵌入间断平衡对企业创新绩效的影响。

市场竞争较缓和的企业的分层回归结果如表 6-19 所示。与模型 9-1 相比，模型 9-2、模型 9-3 和模型 9-4 的 Adjusted R^2 均明显增加，说明加入自变

量后模型更有解释力度。从模型 9-2 的回归分析结果可以看出，本土网络关系嵌入和企业创新绩效呈显著负相关关系（β=-0.233，P<0.05），海外网络关系嵌入和企业创新绩效呈显著的正相关关系（β=0.469，P<0.01），但二者的交互项对企业创新绩效却具有显著的正向影响（β=0.500，P<0.01；F=15.295，P<0.01），说明两种网络关系嵌入对企业创新绩效存在显著的互补效应，因此假设 H_{13a} 得到验证。模型 9-3 中，两种网络关系嵌入采用同时平衡模式对企业创新绩效存在显著正向影响（β=0.758，P<0.01；F=24.794，P<0.01），说明采用双重网络关系嵌入同时平衡模式能有效促进外向型企业的创新绩效，假设 H_{13b} 得到验证。根据模型 7-4 的分析结果，两种网络关系嵌入采用间断平衡模式对企业创新绩效具有显著的负向影响（β=-1.505，P<0.01；F=24.202，P<0.01），说明采用双重网络关系嵌入间断平衡模式不能有效促进外向型企业的创新绩效，假设 H_{13c} 得到验证。在同时平衡模式的全效应模型 9-5 中，本土网络关系嵌入和海外关系嵌入的交互项和两种网络关系嵌入同时平衡模式对企业创新绩效（β=0.342，P<0.01；β=0.630，P<0.01；F=29.409，P<0.01）都存在明显的正向影响，说明两种网络关系嵌入对企业创新绩效存在显著的互补效应，采用双重网络关系嵌入同时平衡模式能有效促进外向型企业的创新绩效，再次验证了假设 H_{13a} 和 H_{13b}。在间断平衡模式的全效应模型 9-6 中，本土网络关系嵌入和海外关系嵌入的交互项对企业创新绩效仍具有显著的正向影响（β=0.359，P<0.01；F=30.054，P<0.01），两种网络关系嵌入采用间断平衡模式对企业创新绩效仍具有显著的负向影响（β=-1.266，P<0.01；F=30.054，P<0.01），说明两种网络关系嵌入对企业创新绩效存在显著的互补效应，而采用双重网络关系嵌入间断平衡模式不能有效促进外向型企业的创新绩效，再次验证了假设 H_{13a} 和 H_{13c}。

表 6-19　市场竞争较缓和的企业双重网络同时平衡和间断平衡对创新绩效的影响

	创新绩效					
	模型 9-1	模型 9-2	模型 9-3	模型 9-4	模型 9-5	模型 9-6
企业存续时间	0.053	0.084	0.013	0.010	0.041	0.039
产业类型	0.031	0.038	0.005	0.037	0.014	0.041
本土网络关系嵌入	0.058	-0.233*	0.204*	0.705**	-0.019	0.394**
海外网络关系嵌入	0.301*	0.469**	-0.285*	1.159**	-0.071	1.144**

表6-19(续)

	创新绩效					
	模型 9-1	模型 9-2	模型 9-3	模型 9-4	模型 9-5	模型 9-6
双重网络关系嵌入交互作用		0.500**			0.342**	0.359**
双重网络关系嵌入同时平衡			0.758**		0.630**	
双重网络关系嵌入间断平衡				-1.505**		-1.266**
F	5.607**	15.295**	24.794**	24.202**	29.409**	30.054**
R^2	0.133	0.345	0.461	0.455	0.551	0.556
Adjusted R^2	0.109	0.323	0.442	0.436	0.532	0.538

注：N=151。** 表示在 0.01 水平（双侧）上显著相关，* 表示在 0.05 水平（双侧）上显著相关。

6.5 结果讨论

本书在采用调查问卷获取 272 家外向型企业数据的基础上，深入分析了外向型企业双重网络关系嵌入及其平衡对企业创新绩效的影响和资源整合能力在双重网络关系嵌入及其平衡与创新绩效之间的中介效应；并进一步讨论了在不同情境因素下双重网络关系嵌入平衡模式对企业创新绩效的不同影响。本书借助 SPSS19.0 统计软件，运用相关分析和回归分析对两个模型和相关假设进行了检验，检验结果都支持了相关假设（如表 6-20 所示），实现了本书的研究目标。

表 6-20　研究假设检验结果

序号	假设	检验结果
H_1	外向型企业双重网络关系嵌入对企业创新绩效具有显著的正向影响	成立
H_2	外向型企业双重网络关系嵌入平衡发展对企业创新绩效具有显著的正向影响	成立

表6-20(续)

序号		假设	检验结果
H_3		外向型企业双重网络关系嵌入平衡发展对企业创新绩效的正向影响显著大于双重网络关系嵌入	成立
H_4	H_{4a}	外向型企业双重网络关系嵌入对企业资源识取能力具有显著的正向影响	成立
	H_{4b}	外向型企业双重网络关系嵌入对企业资源配用能力具有显著的正向影响	成立
H_5	H_{5a}	外向型企业双重网络关系嵌入平衡发展对企业资源识取能力具有显著正向影响	成立
	H_{5b}	外向型企业双重网络关系嵌入平衡发展对企业资源配用能力具有显著正向影响	成立
H_6	H_{6a}	外向型企业双重网络关系嵌入平衡发展对企业资源识取能力的正向影响显著大于双重网络关系嵌入	成立
	H_{6b}	外向型企业双重网络关系嵌入平衡发展对企业资源配用能力的正向影响显著大于双重网络关系嵌入	成立
H_7	H_{7a}	企业资源识取能力对企业创新绩效具有显著的正向影响	成立
	H_{7b}	企业资源配用能力对企业创新绩效具有显著的正向影响	成立
H_8	H_{8s}	资源识取能力在外向型企业双重关系嵌入和创新绩效的关系中起到了中介作用	成立
	H_{8b}	资源配用能力在外向型企业双重关系嵌入和创新绩效的关系中起到了中介作用	成立
H_9	H_{9a}	资源识取能力在外向型企业双重关系嵌入平衡发展和创新绩效的关系中起到了中介作用	成立
	H_{9b}	资源配用能力在外向型企业双重关系嵌入平衡发展和创新绩效的关系中起到了中介作用	成立
H_{10}	H_{10a}	企业规模较小时，本土网络和海外网络的关系嵌入对外向型企业创新绩效的影响具有替代效应	成立
	H_{10b}	企业规模较小时，采用双重网络关系嵌入间断平衡模式能有效促进外向型企业的创新绩效	成立
	H_{10c}	企业规模较小时，采用双重网络关系嵌入同时平衡模式不能有效促进外向型企业的创新绩效	成立

表6-20(续)

序号		假设	检验结果
H_{11}	H_{11a}	企业规模较大时，本土网络和海外网络的关系嵌入对外向型企业创新绩效的影响具有互补效应	成立
	H_{11b}	企业规模较大时，采用双重网络关系嵌入同时平衡模式能有效促进外向型企业的创新绩效	成立
	H_{11c}	企业规模较大时，采用双重网络关系嵌入间断平衡模式不能有效促进外向型企业的创新绩效	成立
H_{12}	H_{12a}	市场竞争较激烈时，本土网络和海外网络的关系嵌入对外向型企业创新绩效的影响具有替代效应	成立
	H_{12b}	市场竞争较激烈时，采用双重网络关系嵌入间断平衡模式能有效促进外向型企业的创新绩效	成立
	H_{12c}	市场竞争较激烈时，采用双重网络关系嵌入同时平衡模式不能有效促进外向型企业的创新绩效	成立
H_{13}	H_{13a}	市场竞争较缓和时，本土网络和海外网络的关系嵌入对外向型企业创新绩效的影响具有互补效应	成立
	H_{13b}	市场竞争较缓和时，采用双重网络关系嵌入同时平衡模式能有效促进外向型企业的创新绩效	成立
	H_{13c}	市场竞争较缓和时，采用双重网络关系嵌入间断平衡模式不能有效促进外向型企业的创新绩效	成立

6.5.1 外向型企业双重网络关系嵌入及其平衡与创新绩效关系检验结果讨论

与 Tsang（2002）、姜劲和孙延明（2012）、李杰义和闫静波（2019）的研究结果相似，本书证实了外向型企业双重网络关系嵌入对创新绩效具有显著的正向影响（假设 H_1）。外向型企业所处的本土网络和海外网络中都蕴含着丰富的知识和信息，它们是企业创新的重要源泉。但由于海外网络的联系路径较长，要获得影响力较大的资源必须通过强连接才能实现；而在本土网络中，也需要和创新合作者之间相互信任、保持长期频繁的互动才能准确把握关键性的创新知识和资源，因而外向型企业的两种网络关系嵌入越深，创新绩效就会更高。

本书的研究结果还进一步证实，外向型企业嵌入两种网络的程度越平衡即嵌入程度的差别越小，企业的创新绩效越高（假设 H_2）。这是因为过度嵌入某一种网络都会存在一定风险，如果外向型企业只重视本土网络而忽略海外网络，很容易导致企业陷入发展路径依赖和能力难以突破的困境；如果只重视海外网络，超越现有的经验和知识去关注并不熟悉新兴领域，也会导致企业创新效率变化并增加企业搜寻知识的成本。因而外向型企业要获得较高的创新绩效，一是必须嵌入本土网络和海外网络，二是最好能平衡地嵌入两种网络。这一点也得到了本书证实，即外向型企业双重网络关系嵌入平衡发展对企业创新绩效的正向影响显著大于双重网络关系嵌入（假设 H_3）。

6.5.2 外向型企业双重网络关系嵌入及其平衡、资源整合能力与创新绩效关系检验结果讨论

资源整合能力是一种动态能力，是企业充分、高效利用其内部资源或者通过整合内外部资源以产生新资源的能力，是企业核心竞争力的重要组成部分。

企业资源整合能力形成的前提是嵌入外部网络。外部网络关系嵌入程度越深，企业可以获取的信息与资源越丰富，企业识取外部资源以及进行内外部资源整合的能力就会越强（陈玉麟，2011；刘蕴，2018）。本书的研究结果证实了这一观点，外向型企业双重网络关系嵌入与资源整合能力（资源识取能力、资源配用能力）呈显著正相关关系（假设 H_{4a}和 H_{4b}）。本书研究结果进一步证实，外向型企业嵌入海外网络和本土网络的程度越平衡，即嵌入程度的差别越小，则企业的资源整合能力（资源识取能力、资源配用能力）越高（假设 H_{5a}和 H_{5b}）。这是因为外向型企业的海外网络能够帮助企业在更广阔的网络空间探索和学习全新知识，感知最新的技术和市场动态变化趋势，有利于提高企业资源识别和获取能力；本土网络主体的相似性和近邻性能够促进现有知识在网络中快速传播，帮助企业对已有的技术和知识进行深度挖掘，有利于提高企业资源配置和利用能力。因而外向型企业同时兼顾海外网络和本土网络的关系嵌入有利于全面提高企业资源整合能力。本书的研究结果同时也证明了外向型企业双重网络关系嵌入平衡发展对企业资源整合能力（资源识取能力、资源配用能力）的正向影响显著大于双重网络关系嵌入（假设 H_{6a}和 H_{6b}）。

资源整合能力是影响企业创新绩效的重要因素。由于企业创新活动的多样性、复杂性和不确定性，企业仅仅依靠自身的技术和资源远远不能满足创新的需要，必须从外部获取资源。而资源是静态的，不能持续不断地给企业创新活动带来竞争优势；企业必须将静态的资源动态化，整合从外部环境中识取的资源，将其运用到自身创新活动中，才能有效促进创新绩效的提升。这一观点已得到多位学者的实证证明（马鸿佳 等，2011；张公一，2013；刘洋，2016）。本书的研究结果再次证明了资源整合能力（资源识取能力、资源配用能力）对企业创新绩效的正向影响（假设 H_{7a}和 H_{7b}），也是对资源基础理论的一个很

好的补充。

既然外向型企业双重网络关系嵌入及其平衡对创新绩效具有正向影响，外向型企业双重网络关系嵌入及其平衡对资源整合能力具有正向影响，外向型企业资源整合能力对创新绩效具有正向影响，就表明外向型企业双重网络关系嵌入及其平衡对创新绩效的正向影响效应很可能是通过资源整合能力来传递的。本书的研究结果表明，资源整合能力（资源识取能力、资源配置能力）在外向型企业双重网络关系嵌入及其平衡和创新绩效之间的确起到了中介作用（假设 H_{8a}和 H_{8b}、H_{9a}和 H_{9b}）。

6.5.3 不同企业规模下外向型企业双重网络关系嵌入平衡模式与创新绩效关系检验结果讨论

外向型企业双重网络关系嵌入的平衡发展十分必要，但对于采用同时平衡模式还是间断平衡模式才能有效促进企业的创新绩效，最关键、最直接的影响因素是企业内部的资源数量，而组织资源又取决于企业规模的大小。本书分别探讨了不同企业规模下同时平衡模式和间断平衡模式与企业创新绩效的关系，结果表明：当企业规模较小、资源有限时，本土网络和海外网络的关系嵌入对外向型企业创新绩效的影响具有替代效应（假设 H_{10a}），这是因为受资源束缚两种网络的关系嵌入存在较大的竞争效应，企业需要在两种网络关系中进行权衡和取舍。此时，采用间断平衡模式能有效促进企业的创新绩效（假设 H_{10b}），采用同时平衡模式则不能促进企业的创新绩效（假设 H_{10c}）。当企业规模较大、资源丰裕时，企业能够为各类活动提供强有力的持续支持，本土网络和海外网络的关系嵌入对外向型企业创新绩效的影响具有互补效应（假设 H_{11a}），即同时兼顾发展两种网络，可以使它们相互取长补短，改善企业的创新绩效。此时，采用同时平衡模式能有效促进企业的创新绩效（假设 H_{11b}），采用间断平衡模式则不能促进企业的创新绩效（假设 H_{11c}）。

6.5.4 不同市场竞争程度下外向型企业双重网络关系嵌入平衡模式与创新绩效关系检验结果讨论

外向型企业双重网络关系嵌入的平衡发展是采用同时平衡模式还是间断平衡模式以有效促进企业的创新绩效，除了受企业规模大小的影响之外，还受企业所处的外部市场环境影响。市场竞争程度是衡量外部市场环境的重要指标，因此本书分别探讨了不同市场竞争程度下同时平衡模式和间断平衡模式与企业创新绩效的关系。结果表明，当外部市场竞争比较激烈时，本土网络和海外网络的关系嵌入对外向型企业创新绩效的影响具有替代效应（假设 H_{12a}）。这是因为在竞争激烈的市场环境中企业要在较短的时间内取得竞争优势（差异化优势或者成本领先优势），就必须集中资源在某一种创新活动上迅速取得突破，这时两种网络关系嵌入就存在竞争性和排他性，呈现出此消彼长、相互替代的状态。此时，采用间断平衡模式能有效促进企业的创新绩效（假设 H_{12b}），采用同时平衡模式则不能促进企业的创新绩效（假设 H_{12c}）。当外部市场竞争比较缓和时，本土网络和海外网络的关系嵌入对外向型企业创新绩效的影响具有互补效应（假设 H_{13a}）。这是因为缓和的市场竞争企业获得了更高的市场宽容度，拥有试错的时间和市场空间；在没有太大外部压力的情况下，企业可以同时兼顾两种网络的关系嵌入，相互取长补短，改善企业的创新绩效。此时，采用同时平衡模式能有效促进企业的创新绩效（假设 H_{13b}），采用间断平衡模式则不能促进企业的创新绩效（假设 H_{13c}）。

6.6 本章小结

本章采用相关分析、回归分析等方法验证了外向型企业“双重网络关系嵌入及其平衡—创新绩效”和不同情境因素下“双重网络关系嵌入平衡模式—创新绩效”两个概念模型及相关假设，检验结果都支持了相关假设。本章还进一步对检验结果进行了讨论。

7 综合讨论与展望

本章首先汇总了所有的研究结果，在联系相关领域研究的基础上对结论进行了分析和解释；其次简要阐述了主要结论对组织二元平衡、网络嵌入等理论的贡献，并为外向型企业如何合理嵌入双重网络提供了一定的建议；最后，在分析本书内容不足的基础上，提出了对未来研究的展望。

7.1 研究结论及讨论

本书以重庆外向型企业为研究对象，首先构建了“双重网络关系嵌入及其平衡—资源整合能力—创新绩效”的概念模型，一方面探寻外向型企业双重网络关系嵌入及其平衡对创新绩效的影响机理，另一方面对比双重网络关系嵌入和双重网络关系嵌入平衡对创新绩效的影响大小；其次基于双重网络关系嵌入平衡对创新绩效的显著作用，又构建了情境因素作用下“双重网络关系嵌入平衡模式—创新绩效”的概念模型，探寻不同情境因素下双重网络关系嵌入同时平衡模式和间断平衡模式对创新绩效的不同影响。主要的研究结论可以归纳为以下几个方面：

7.1.1 外向型企业双重网络关系嵌入及其平衡对创新绩效的影响机理

本书首先对外向型企业的双重网络（本土网络和海外网络）关系嵌入和双重网络关系嵌入平衡、企业的资源整合能力（资源识取能力和资源配用能力）以及企业决策绩效等概念进行了界定；其次对双重网络关系嵌入及其平衡对创新绩效的影响机理进行了深入研究，并比较了双重网络关系嵌入和双重网络关系嵌入平衡对创新绩效的不同影响。这一方面有助于深入探寻外向型企业双重网络关系嵌入及其平衡对创新绩效的影响过程，对已有的网络关系嵌入理论进行一定的补充，另一方面也为后续进一步研究网络关系嵌入平衡模式对创新绩效的影响做了铺垫。

7.1.1.1　双重网络关系嵌入及其平衡对创新绩效的影响

本书分别探讨了外向型企业双重网络关系嵌入和双重网络关系嵌入平衡对创新绩效的影响，并对二者对创新绩效的影响进行了比较，得出了如下结论：

结论1：双重网络关系嵌入会显著影响创新绩效，双重网络关系嵌入程度越深，创新绩效就会越高。

结论2：双重网络关系嵌入平衡发展会显著影响创新绩效，双重网络关系嵌入程度的差别越小，创新绩效就会越高。

结论3：双重网络关系嵌入平衡发展对企业创新绩效的正向影响显著大于双重网络关系嵌入。

不少学者以集群企业、科技企业或其他企业为研究对象，研究了企业双重网络关系嵌入与创新绩效之间的关系，绝大部分学者得出的实证结论都是二者呈显著的正向关系，即企业嵌入双重网络的程度越深，创新绩效就越高。但随着研究的深入，也有学者质疑，认为虽然双重网络关系嵌入对提升企业创新绩效各有好处，但如果过分偏重某一网络也会造成一定的结构性风险，反而不利于企业创新绩效的提升。面对双重网络可能存在的负面影响，有学者把组织二元理论引入了社会网络研究，认为双重网络关系嵌入平衡发展有利于创新绩效的提升。本书在前人研究的基础上，以外向型企业为研究对象，通过实证研究证明了本土和海外网络的双重关系嵌入能正向影响企业的创新绩效，并且双重网络关系嵌入越平衡，越有利于企业创新绩效的提高。这一结论也再次证明了大部分学者的观点。

7.1.1.2　双重网络关系嵌入及其平衡对资源整合能力的影响

本书分别探讨了外向型企业双重网络关系嵌入和双重网络关系嵌入平衡对资源整合能力（资源识取能力和资源配用能力）的影响，并就二者对资源整合能力的影响进行了比较，得出了如下结论：

结论4：双重网络关系嵌入会显著影响资源整合能力（资源识取能力和资源配用能力），双重网络关系嵌入程度越深，资源整合能力就会越强。

结论5：双重网络关系嵌入平衡发展会显著影响资源整合能力（资源识取能力和资源配用能力），双重网络关系嵌入程度的差别越小，资源整合能力就会越强。

结论6：双重网络关系嵌入平衡发展对企业资源整合能力的正向影响显著大于双重网络关系嵌入。

资源整合能力是企业充分高效利用其内部资源或者通过整合内外部资源以

产生新资源的能力，是企业核心竞争力的重要组成部分。资源整合能力影响因素可分为外部环境和组织内部两大类，其中外部环境主要指的是外部社会网络。多数学者都认为，企业的外部网络越宽广（合作伙伴数量越多），嵌入外部网络的程度越深（和合作伙伴的关系越紧密），企业能确认和采用的重要外部知识就越多，对企业资源整合能力的提升越有帮助。本书依据前人的研究，将资源整合能力划分为资源识取能力和资源配用能力，通过实证研究证明了外向型企业本土和海外网络的双重关系嵌入能正向影响企业的资源整合能力（资源识取能力和资源配用能力），并且依据组织二元理论证明了双重网络关系嵌入越平衡，越有利于企业整合能力（资源识取能力和资源配用能力）的提高。这一结论也再次证明了大部分学者的观点，也一定程度地推进了二元组织理论与资源整合理论的融合。

7.1.1.3 资源整合能力对创新绩效的影响

本书探讨了外向型企业的资源整合能力（资源识取能力和资源配用能力）对企业创新绩效的影响，得出了如下结论：

结论7：企业的资源整合能力（资源识取能力和资源配用能力）会显著影响企业的创新绩效，即企业的资源整合能力（资源识取能力和资源配用能力）越强，其创新绩效就会越高。

由于创新活动的多样性、复杂性和不确定性，企业仅仅依靠自身的技术和资源远远不能满足创新的需要，必须从外部获取资源，并将外部资源整合运用到自身创新活动中，以提高企业的创新绩效。本书的研究结果再次证明了资源整合能力（资源识取能力、资源配用能力）对企业创新绩效的正向影响，这也是对资源基础理论的一个很好的补充。

7.1.1.4 资源整合能力在双重网络关系嵌入及其平衡与创新绩效之间的中介作用

外向型企业双重网络关系嵌入及其平衡对创新绩效具有正向影响。外向型企业双重网络关系嵌入及其平衡对资源整合能力具有正向影响，外向型企业资源整合能力对创新绩效具有正向影响。本书依据上述验证结果，初步判定外向型企业双重网络关系嵌入及其平衡对创新绩效的正向影响效应很可能是通过资源整合能力来传递的。本书又运用多重回归分析法进行验证，结果表明资源整合能力的确在双重网络关系嵌入及其平衡与创新绩效之间起了中介作用。

结论8：企业的资源整合能力（资源识取能力和资源配用能力）在企业双重网络关系嵌入对创新绩效的正向影响中起了中介作用。

结论9：企业的资源整合能力（资源识取能力和资源配用能力）在企业双

重网络关系嵌入平衡发展对创新绩效的正向影响中起了中介作用。

这一研究成果在一定程度上拓展了企业双重网络对企业创新绩效影响机理的研究，揭开了双重网络关系嵌入和创新绩效之间的“黑箱”，为网络关系嵌入“如何”影响企业决策绩效提供了一种新的解释。

7.1.2 不同情境因素下外向型企业双重网络关系嵌入平衡模式与创新绩效的关系研究

本书在外向型企业双重网络关系嵌入平衡发展能显著正向影响创新绩效的结论的基础上，又进一步探索了外向型企业双重网络关系嵌入平衡的实现机制和模式与创新绩效之间的关系。目前关于二元平衡的实现机制和模式存在两种不同的观点：一种是同时平衡模式，即企业将有限资源平均分配，在任意时刻同时兼顾“探索”和“利用”两种行动策略，充分挖掘两种行动的互补协同效应；另一种是间断平衡模式，即企业在某一段时间集中将有限资源投入“探索”或“利用”活动，在下一段时间再将资源集中投入另一种活动，按照一定的次序来实施各种创新活动。

此前不少学者都热衷于研究双重网络平衡嵌入的协同效应，而比较忽略同时嵌入双重网络不可避免地会对企业内部资源形成竞争。在企业资源有限的情况下，同时嵌入双重网络对资源的竞争效应极可能会超过二者的互补效应，从而对企业创新绩效产生负面影响。因此本书把“同时性平衡”模式和“间断性平衡”模式都纳入研究范围，但究竟哪种平衡模式对企业创新最有利，通常会受到企业自身因素和外部因素的影响，因而引入特定的情境因素进行分类讨论非常必要。本书引入和企业自身相关的因素——企业规模以及和外部市场相关的因素——市场竞争程度作为情境变量，分别探讨在不同情境下适合企业发展的双重网络关系嵌入平衡模式。

7.1.2.1 不同企业规模下外向型企业双重网络关系嵌入平衡模式与创新绩效的关系

本书按一定标准将样本企业划分为较大规模企业和较小规模企业，分别探讨了不同企业规模下同时平衡模式和间断平衡模式与企业创新绩效的关系，得出如下结论：

结论 10：当企业规模较小、资源有限时，本土网络和海外网络的关系嵌入对外向型企业创新绩效的影响具有替代效应，采用间断平衡模式能有效促进企业的创新绩效，而采用同时平衡模式则不能促进企业的创新绩效。

结论 11：当企业规模较大、资源丰裕时，本土网络和海外网络的关系嵌入对外向型企业创新绩效的影响具有互补效应，采用同时平衡模式能有效促进企业的创新绩效，而采用间断平衡模式则不能促进企业的创新绩效。

企业规模是衡量企业自身资源最重要的指标，企业规模大意味着企业拥有的人力、物力、财力等各种资源比较丰裕，企业规模小则意味企业各种资源都比较有限。当企业规模比较小时，受资源束缚的问题比较严重，如果同时兼顾两种网络关系嵌入，两种网络关系嵌入会存在较大的竞争效应，不利于企业创新绩效的提高。因而在这种情况下，企业必须在两种网络关系中进行权衡和取舍，采用间断平衡模式更能有效提高企业的创新绩效。当企业规模比较大时，企业拥有丰裕的资源可供调配，能够为企业的各类活动提供强有力的持续支持，同时嵌入两种网络不会存在明显的竞争效应，反而能够更好地发挥它们的互补效应，使它们相互取长补短，改善企业的创新绩效。但同时，规模较大的成熟企业通常拥有较多的规章制度，思维模式固定且组织路径依赖的程度较深，企业很难在两种完全不同的社会网络中随意转换和调整。因而在这种情况下同时平衡模式能够有效促进企业创新绩效的提升，而间断平衡模式则不能。

7.1.2.2 不同市场竞争程度下外向型企业双重网络关系嵌入平衡模式与创新绩效的关系

本书根据企业外部市场竞争状况，将样本企业划分为市场竞争程度较激烈的企业和市场竞争程度较缓和的企业，分别探讨了不同市场竞争程度下同时平衡模式和间断平衡模式与企业创新绩效的关系，得出如下结论：

结论 12：当市场竞争较激烈时，本土网络和海外网络的关系嵌入对外向型企业创新绩效的影响具有替代效应，采用间断平衡模式能有效促进企业的创新绩效，而采用同时平衡模式则不能促进企业的创新绩效。

结论 13：当市场竞争较缓和时，本土网络和海外网络的关系嵌入对外向型企业创新绩效的影响具有互补效应，采用同时平衡模式能有效促进企业的创新绩效，而采用间断平衡模式则不能促进企业的创新绩效。

市场竞争程度是衡量外部市场环境的重要指标，市场竞争程度激烈意味着企业面临着很大的外部环境压力，市场竞争程度缓和则意味着企业拥有比较宽松的外部环境。当外部市场竞争比较激烈时，企业要在较短的时间内取得竞争优势（差异化优势或者成本领先优势），就必须集中资源在某一种创新活动上迅速取得突破，这时两种网络关系嵌入就存在竞争性和排他性，呈现出此消彼长、相互替代的状态。在这种情况下，采用间断平衡模式能有效促进企业的创新绩效，采用同时平衡模式则不能促进企业的创新绩效。当外部市场竞争比较缓和时，企业拥有更高的市场宽容度，拥有试错的时间和市场空间。在没有太大外部压力的情况下，企业可以同时兼顾两种网络的关系嵌入，使它们相互取长补短，改善企业的创新绩效。此时，采用同时平衡模式能有效促进企业的创新绩效，而采用间断平衡模式不能促进企业的创新绩效。

这一研究结果进一步拓展了组织二元理论在企业网络中的运用深度，也丰富了企业“网络嵌入平衡模式—创新绩效”的相关研究。

7.2 理论进展及实践启示

本书的研究结论在一定程度上丰富及拓展了社会网络嵌入、组织二元平衡的理论探讨，同时也为外向型企业的社会网络关系嵌入提供了一些有参考价值的指导意见。

7.2.1 理论进展

基于已有的相关理论研究，本书以外向型企业为研究对象，通过文献回顾和理论推演构建了“双重网络关系嵌入及其平衡—资源整合能力—决策绩效”和情境因素作用下的“双重网络关系嵌入平衡模式—创新绩效”两个概念模型。两个模型的研究不仅体现了对社会网络理论“过程”部分的深入挖掘，也一定程度地促进了组织二元理论与社会网络嵌入性理论的相互融合。具体创新和理论进展主要表现在以下几个方面：

7.2.1.1 构建“双重网络关系嵌入及其平衡—决策绩效”，拓展了双重网络关系嵌入及其平衡的影响机理研究

学者们从不同角度探究了双重网络关系嵌入与企业创新之间的“黑箱”，经过实证分析的中介变量有动态能力、知识搜索质量和搜索速度等，这些变量都一定程度地揭示了网络嵌入对企业创新的影响机理，但在解释外向型企业双重网络关系嵌入与企业创新绩效之间的因果关联机制上还显得比较片面和单一。企业从嵌入网络到创新绩效提升的过程中，既会涉及资源的识别、获取能力，又会涉及资源配置、利用能力，而资源整合能力这一重要的多维度中介变量并未得到充分重视。

本书综合性地把企业社会网络、资源整合能力以及企业创新理论联系起来，构建起外向型企业“双重网络关系嵌入及其平衡—资源整合能力— 创新绩效”的理论框架，并通过规范分析和实证研究得出结论：资源整合能力（资源识取能力、资源配置能力）在外向型企业双重网络关系嵌入及其平衡和

创新绩效之间起到了中介作用。这一研究成果在一定程度上拓展了企业双重网络对企业创新绩效影响机理的研究，揭开了双重网络关系嵌入和创新绩效之间的“黑箱”，为网络关系嵌入“如何”影响企业决策绩效提供了一种新的解释。同时，这一研究结果也为外向型企业如何嵌入双重网络以提升创新绩效提供了理论支持。

7.2.1.2 把双重网络平衡嵌入的互补效应和竞争效应都纳入了研究范畴

目前已有学者将组织二元理论引入网络嵌入研究，认为企业只有平衡地嵌入双重网络，才能最有效地提高企业创新绩效。但此类研究数量较少，研究内容也比较局限，其深度和宽度都有待加强。具体表现为此类研究普遍认为双重网络平衡嵌入能发挥二者的协同效应，正向影响企业的创新绩效，却忽视了同时嵌入双重网络不可避免地会对企业内部资源形成竞争。虽然从长期来看，绝大部分企业都可能实现双重网络嵌入的双元平衡发展；但从短期看，企业很可能遭遇资源紧缺或外部环境紧张的问题。如果在企业资源有限或外部压力巨大的情况下仍然坚持同时嵌入双重网络，则对资源的竞争效应极可能会超过二者的互补效应，对企业创新绩效产生负面影响。在研究过程中如果完全忽略双重网络同时嵌入所产生的竞争效应，可能致使研究结果不够完善或有失偏颇。

本书在不同情境下讨论了双重网络嵌入的交互作用对创新绩效的影响，研究结果表明在不同情境下双重网络嵌入对创新绩效确实存在不同的效应。在企业规模较小、外部竞争压力较大时，双重网络同时平衡嵌入存在竞争效应；在企业规模较大、外部竞争压力较小时，双重网络同时平衡嵌入存在互补效应。这一研究结果有助于全面认识双重网络关系嵌入平衡的影响，在一定程度上完善了组织二元理论的研究。

7.2.1.3 在特定情境下探讨了有利于企业创新的双重网络关系嵌入平衡发展模式

根据组织二元理论策略执行的时间不同，可以把二元平衡模式分为“同时性平衡”和“间断性平衡”。同时平衡模式是指企业把投入的资源进行均衡分配，同时兼顾两种不同的活动策略；间断平衡模式则是指企业在一段时间内将资源集中投入某一种活动，随着内外部环境的变化再投入另一种活动，两者不断地交替进行。受到企业自身因素和外部因素的影响，在短期内很可能出现某些企业采用同时性平衡模式、某些企业采用间断性平衡模式的状况。因而引入特定的情境因素，分别讨论不同情况下企业采取何种平衡模式最有利于创新绩效的提高是非常有必要的。

目前几乎没有从权变角度对企业双重网络关系嵌入平衡模式与创新绩效的

关系开展的研究，本书将与企业资源密切相关的企业规模和市场竞争程度这两个重要的情境变量引入双重网络关系嵌入平衡模式与创新绩效的研究框架，通过理论推演和实证分析对不同情境下双重网络关系嵌入平衡模式与创新绩效的关系进行了探讨。这一研究一方面印证了情境因素的确能够在双重网络关系嵌入平衡模式与创新绩效之间起到调节作用，另一方面更明确指出了在不同情境下适合企业发展的双重网络关系嵌入平衡模式，为外向型企业提高创新绩效指出了明确的路径。这一研究进一步拓展了组织二元理论在企业网络中的运用深度，也丰富了企业“网络嵌入平衡模式—创新绩效”的相关研究。

7.2.2 实践启示

自1978年我国开始改革开放后，外向型经济在我国经济中就一直处于举足轻重的地位，对我国经济发展做出了巨大贡献。作为外向型经济的微观主体，外向型企业在经历四十多年的发展以后如何克服目前存在的问题、如何进一步转型升级一直备受企业界和学术界的关注。企业要发展，创新是关键，而创新资源主要源于企业所处的网络，因而构建创新网络至关重要。与普通国内企业相比，外向型企业直接面向国际市场，积极参与国际分工，在嵌入海外网络方面具有天然优势，呈现出海外网络嵌入性和本土网络嵌入性的双重特征。本书关注外向型企业的双重网络，围绕双重网络关系嵌入与创新绩效展开研究，得到了一系列有意义的研究结论。这些结论对外向型企业的网络关系嵌入实践提供了以下几个方面的启示：

7.2.2.1 从长期来看，外向型企业必须构建和维系本土网络和海外网络关系嵌入之间的平衡

在开放型经济和全球制造网络兴起的背景下，外向型企业想要保持持续不断地创新和发展，除了充分把握和使用自身拥有的资源外，还需要从外部创新网络中获取关键性资源。外向型企业立足于本土制造又面向海外销售，同时身处本土和海外两大网络；企业管理者只有对这两种网络的影响以及它们的关系有清楚的认知，才能合理利用两种网络以提高企业的创新绩效。

本土网络中各经营主体之间频繁的交流沟通能有效促进同质性知识信息在企业间的流动和分享，使外向型企业能以较低成本分享本地知识溢出和集体学习的益处；海外网络中汇集了众多不同国家、不同行业的经营主体，蕴含着比本土网络更丰富的异质性信息，有助于激发外向型企业的创新思维和灵感。但同时管理者也应该认识到，过度嵌入某一种网络也存在一定风险。如果过度嵌入本土网络，外向型企业会面临信息高度重叠和同质化，产生创新路径依赖、

创新能力刚性等问题；如果过度依赖海外网络，外向型企业则需要承担高昂的国际化成本，且搜索到的知识过多而使企业丧失重点，有时也难以融入企业的知识库。

可见，两种网络对于外向型企业的创新活动而言都是有利有弊，所以从长期来看，本土网络和海外网络关系嵌入必须平衡发展才能给企业创新绩效带来显著的正向影响。因此，外向型企业的管理者在企业发展过程中必须有意识地构建和维系两种网络关系嵌入的平衡发展，积极而又均衡地拓展两种网络，才能有效提升企业的创新绩效。

7.2.2.2 从短期来看，外向型企业应根据自身条件和外部环境，选择最能提升创新绩效的双重网络关系嵌入平衡模式

虽然从长期看，外向型企业通常都有可能实现本土网络、海外网络嵌入的双元平衡发展；但从短期看，则很可能出现某些企业采用“同时平衡模式”，某些企业采用“间断平衡模式”的状况。作为外向型企业的管理者，必须根据自身条件和外部环境，选择最能提升企业创新绩效的双重网络关系嵌入平衡模式。

当企业规模较小时，资源有限的问题就会非常突出。作为企业管理者必须意识到，如果此时分散资源勉强同时嵌入两种网络，势必引发两种网络对有限资源的竞争，不但不能提高创新绩效，还会减弱企业的创新活动。企业管理者只能根据自身状况和发展目标，对两种网络关系嵌入进行权衡和取舍，集中资源在某一时期内有所偏重地嵌入某一种网络，在适当的内外部环境下再转换为偏重于另一种网络，这样不仅能有效缓解企业同时嵌入两种网络的竞争效应问题，还能让企业更专注于做一件事、迅速在某一种学习创新活动中取得突破。当外向型企业逐步成长为规模企业后，较为充裕的冗余资源能够为企业的各类活动提供强有力的持续支持。此时企业同时嵌入双重网络，不仅不会出现明显的资源竞争，还能更好地发挥二者的互补效应；同时兼顾发展两种网络，可以相互取长补短，改善企业的创新绩效。

当外部市场竞争程度较为激烈时，市场中会出现越来越多的同类产品和替代产品，会使外向型企业凭借探索式创新活动所形成的差异化优势被削弱，而凭借利用式创新活动所形成的成本领先优势也会被弱化。此时，外向型企业要在较短的时间内重新取得竞争优势，无论企业规模大小，都必须将资源集中在某一种创新活动上才能迅速取得突破。外向型企业的管理者必须对两种网络关系嵌入进行权衡和取舍，集中有限资源有偏向地嵌入本土网络或是海外网络，争取在短期内取得差异化优势或是成本领先优势，以维持和提高企业的创新绩

效。当外部市场竞争度较低时，外向型企业面临的技术革新、客户需求的变化都比较缓慢。此时，市场会给予企业更高的宽容度，允许企业有试错的时间和市场空间，也允许企业通过不断地升级现有产品获利。因此，缓和的市场竞争对于企业资源如何分配没有很严格的要求，外向型企业的管理者可以较为平均地将资源用于本土网络和海外网络的关系嵌入，发挥两种网络的互补性，从而有效提高企业的综合创新能力和绩效。

7.2.2.3 外向型企业应高度重视企业资源整合能力的培育和提升

资源整合能力是一种动态能力，是企业充分、高效利用其内部资源或者通过整合内外部资源以产生新资源的能力。资源整合能力可以分为两个维度：一是企业面向外部的能力，包括资源识别能力和资源获取能力；二是企业内在资源组合与使用的能力，包括资源配置能力和资源利用能力。实证分析证明这两个维度都能对企业的创新绩效产生显著的正向影响。因此，外向型企业的管理者必须高度重视资源整合能力的培养和提升。

资源整合能力的形成机制的研究视角可分为外部环境和组织内部两大类。从外部环境视角看，企业资源整合能力主要来自网络嵌入。跨公司间的研发合作、策略联盟与网络对企业的资源整合能力有深刻的影响，企业嵌入网络的程度越深，则资源整合能力越强。外向型企业的管理者应该重视外部网络的嵌入，积极吸收、学习、整合本土和海外网络中的新颖知识和信息，并在这一过程中逐渐培育和提升对资源的配置和使用能力，实现资源整合能力的全面提高。

从组织内部视角看，资源整合能力主要受组织内部资源、组织学习和组织管理者三方面的影响。企业内部的研发活动可以提高企业吸收与学习外部知识的能力，积累充分的技术知识，进而增强对外部创新资源的整合能力；组织学习可以有效促进组织获取资源和利用资源；企业管理者的受教育程度、行业知识、经验、关系等也会影响企业的资源识别与汲取。因此，外向型企业在管理者的选拔上应高度重视候选人的学历、经验和关系；在企业的运作管理中，应高度重视企业自身的研发活动和研发行为，并在企业内部广泛开展学习和交流。

7.3 研究局限与展望

从社会网络视角探讨企业创新绩效的提升是目前组织创新领域中的热点。本书以重庆市外向型企业为样本，探讨了外向型企业本土和海外双重网络关系嵌入及其平衡发展对企业创新绩效的影响机理，以及不同情境因素下外向型企业双重网络关系嵌入平衡模式与创新绩效的关系。虽然本书在剖析双重网络关系嵌入对创新绩效的影响机理方面和引入情境因素探讨双重网络关系嵌入平衡模式方面具有一定的创新性，也得到了比较有意义的研究结论，但仍存在一些研究局限，还有待在未来研究中做进一步的分析和弥补。

首先，样本的数量和地域广度存在一定局限性。虽然本书采用多种途径进行问卷发放和回收，尽量兼顾不同产业类型、存续年限和规模的外向型企业，但受研究者自身能力的限制，收集到的有效样本总体规模仍然相对偏小，并且样本所属区域都集中在重庆，这可能导致实证研究的结论受到地域固有特性的影响，而在一定程度上影响了实证研究结果的普适性。在未来的研究中，可以借助专业咨询公司进行调查，尽可能提高样本企业的数量和拓展样本企业的地域覆盖范围，从而增强研究结论的普适性。

其次，变量测量指标的有效性有待进一步提高。本书中涉及较多变量，虽然这些变量的测量指标是在文献梳理、与专家和企业中高层管理人员访谈的基础上提出的，也通过了信度和效度的检验，但完全由被调查者进行评价仍然会出现主观判断带来的测量偏差，可能会一定程度地影响研究结果的客观性。未来研究可考虑多采用一些切实的具备可操作性的客观测量指标，减少主观数据的比例，或是采用主观和客观数据相结合的方法，以进一步增强研究结果的预测说服力。

最后，缺乏对动态过程的研究。本书对外向型企业双重网络关系嵌入及其平衡和创新绩效的关系进行了大样本分析，但受时间和研究条件的限制，实证研究都只考察了团队在某一个时段（从创立到 2018 年和 2016—2018 年）的情况。也就是说，只考虑到静态的状况，难以全面反映企业的双重网络关系嵌入的动态发展过程，致使研究结果存在一定的局限性。在未来的研究中，如果能采用纵向的时序跟踪探析企业双重网络关系嵌入的动态发展过程及其效应发挥的演化，并间隔一段时间对相关变量再进行测量，研究结果可能会更有意义。

7.4 本章小结

本章将本书所有的研究结果进行了汇总，并结合相关理论对结论进行了分析和解释；阐述了主要研究结论的理论贡献，并为外向型企业如何合理嵌入双重网络提供了一定的建议；在分析本书不足的基础上，提出了对未来研究的展望。

参考文献

[1] AAKER F, KINNEAR T, BERNHARDT, K. Variation in the value orientation [M]. New York: Dun Donnelly, 1999: 134-145.

[2] AHUJA G, KATILA, R. Technological acquisitions and the innovation performance of acquiring firms: a longitudinal study [J]. Strategic Management Journal, 2001, 22 (3): 197-220.

[3] AHUJA G, LAMPERT C M. Entrepreneurship in the large corporation: a longitudinal of how established firms create breakthrough inventions [J]. Strategic Management Journal, 2001 (22): 521-543.

[4] ANDERSSSON P, TUSHMAN M L. Organizational environments and industry exit: The effects of uncertainty, munificence and complexity [J]. Industrial and Corporate Change, 2001, 1: 675-711.

[5] ANDERSSON U, FORSGREN M. Subsidiary embeddedness and control in the multinational corporation [J]. International Business Review, 1996 (5): 487-508.

[6] ANDERSSON U, FORSGREN M, HOLM U. The strategic impact of external networks: Subsidiary performance and competence development in the multinational corporation [J]. Strategic Management Journal, 2002, 23 (11): 979.

[7] ARNOLD T J, FANG E, PALMATIER R W. The effects of customer acquisition and retention orientations on a firm's radical and incremental innovation performance [J]. Journal of the Academy of Marketing Science, 2011, 39 (2): 234-251.

[8] BAPTISTA R, SWANN P. Do firms in clusters innovate more? [J]. Research Policy, 1998, 27 (5): 525.

[9] BARDEN Q. Disentangling the influences of leaders relational embeddedness on interorganizational exchange [J]. Academy of Management Journal, 2007, 50 (6): 1440-1461.

[10] BARNEY J B. Firm resources and sustained competitive advantage [J]. Journal of Management, 1991, 17 (1): 99-120.

[11] BATHELT H, MALMBERG A, MASKELL P. Cluster and knowledge, local buzz, global pipelines and the progress of knowledge creation [J]. Progress in Human Geography, 2004 (1): 31-56.

[12] BATT P J. Building social capital in networks [J]. Industrial Marketing Management, 2008, 37 (5): 487-491.

[13] BELL G G. Clusters, networks, and firm innovativeness [J]. Strategic Management Journal, 2005, 26 (3): 287-295.

[14] BELUSSI F, SAMMARRA A, SEDITA, S R. Learning at the boundaries in an "open regional innovation system": a focus on firms' innovation strategies in the emilia romagna life science industry [J]. Research Policy, 2010, 39 (6): 710-721.

[15] BENNER M J, TUSHMAN M L. Process management and technological innovation: a longitudinal study of the photography and paint industries [J]. Administrative Science Quarterly, 2002, 47 (47): 676-707.

[16] BENNER M J, TUSHMAN M L. Exploitation, exploration, and process management: the productivity dilemma revisited [J]. Academy of Management Review, 2003, 28 (2): 238-256.

[17] BIAN Y. Bring strong ties back in: indirect ties, network bridges, and job searches in China [J]. American Sociological, Review, 1997, 62 (3): 366-383.

[18] BIRKINSHAW J, HOOD N, JONSSON S. Building firm-specific advantages in multinational corporations: the role of subsidiary initiative [J]. Strategic Management Journal, 1998 (1): 221-241.

[19] BRENNER T G S. The dependence of innovativeness on the local firm population-an empirical study of German patents [J]. Industry and Innovation, 2006, 13 (1): 21-39.

[20] BROWN S L, EISENHARDT K M. The art of continuous change: Linking complexity theory and time-paced evolution in relentlessly shifting organizations [J]. Administrative Science Quarterly, 1997, 42 (1): 1-34.

[21] BRUSH C G, GREENE P G, HART M M. Creating wealth in organizations: the role of strategic leadership [J]. Academy of Management Executive, 2001, 15 (1): 64-78.

[22] BURGELMAN R A. Strategy as vector and the inertia of coevolutionary lock-in [J]. Administrative Science Quarterly, 2002, 47 (2): 325-357.

[23] BURT R S. Structural holes: the social structure of competition [M]. Cambridge: Harvard University Press, 1992.

[24] CAO Q, GEDAJLOVIC E, ZHANG H. Unpacking organizational ambidexterity: dimensions, contingencies, and synergistic effects [J]. Organization Science, 2009, 20 (4): 781-796.

[25] CAPELLO R. Spatial transfer of knowledge in high technology milieu: learning versus collective learning [J]. Regional Studies, 1999 (4): 353-354.

[26] CHANG Y Y, HUGHES M. Drivers of innovation ambidexterity in small to medium - sized firms [J]. European Management Journal, 2012, 30 (1): 1-17.

[27] Chen C J. The effects of knowledge attribute, alliance characteristics, and absorptive capacity on knowledge transfer performance [J]. R&D Management, 2004 (4): 311-321.

[28] CHENG T Y, VAND V., ANDREW H. Learning the innovation journey: order out of chaos? [J]. Organization Science, 1996, 7 (6): 593-614.

[29] COHEN J, COHEN P, WEST S G, AIKEN L S. Applied multiple regression/correlation analysis for the behavioral sciences [M]. Mahwah: Lawrence Erlbaum Associates, 2003.

[30] COHEN W M, LEVINTHAL D. Absorptive capacity: a new perspective on learning and innovation [J]. Administrative Science Quarterly, 1990, 35 (1): 128-152.

[31] COLLINS J D, HITT M A. Leveraging tacit knowledge in alliances: the importance of using relational capabilities to build and leverage relational capital [J]. Journal of Engineering & Technology Management, 2006, 23 (3): 147-167.

[32] COOKE P. Regional innovation systems: general finding and some new evidence from biotechnology cluster [J]. Journal of Technology Transfer, 2002, 27: 133-145.

[33] COVIN J G, SLEVIN D P. Strategic management of small firms in hostile and begin environments [J]. Strategic Management Journal, 1989 (1): 75-87.

[34] COVIN J G, SLEVIN D P, HEELEY M B. Pioneers and followers: competitive tactics, environment, and firm growth [J]. Journal of Business Venturing, 2000 (2): 175-210.

[35] CYERT R M, MARCH J G. A behavioral theory of the firm [M]. Englewood Cliffs: Prentice-Hall, 1963.

[36] DACIN M T, VENTRESCA M J, BEAL B D. The embeddedness of organizations: dialogue & directions [J]. Journal of Management, 1999 (3): 317-356.

[37] DARR E D, KURTZBERG T R. An investigation of partner similarity dimensions on knowledge transfer [J]. Organizational Behavior and Human Decision Processes, 2000, 82 (1): 28-44.

[38] DAI Y, GOODALE J C, BYUN G. Strategic flexibility in new high-technology ventures [J]. Journal of Management Studies, 2018, 55 (2): 265-294.

[39] DESS G G, BEARD D W. Dimensions of organizational task environments [J]. Administrative Science Quarterly, 1984, 29 (1): 52-73.

[40] DUNCAN R. The ambidextrous organization: Designing dual structures for innovation. The management of organization [C]. New York: North Holland, 1976.

[41] DRNEVICH P L, KRIAUCIUNAS A P. Clarifying the conditions and limits of the contributions of ordinary and dynamic capabilities to relative firm performance [J]. Strategic Management Journal, 2011 (3): 254-279.

[42] DYER J, NOBEOKA K. Creating and managing a high performance koowledge-sharing network: the Toyota case [J]. Strategic Management Journal, 2000, 3: 345-367.

[43] EISENHARDT K M. Building theory from case studies research [J]. Academy of Management Review, 1989, 14 (4): 531-550.

[44] EISENHARDT K, MARTIN J. Dynamic capabilities: What are they? [J]. Strategic Management Journal, 2000, 21: 1105-1121.

[45] ESCRIBANO A, FOSFURI A, TRIBO J A. Managing external knowledge flows: the moderating role of absorptive capacity [J]. Research Policy, 2009, 38 (1): 96-105.

[46] FANG C, LEE J, SCHILLING M A. Balancing exploration and exploitation through structure design: the isolation of subgroups and organizational learning [J]. Organization Science, 2010, 21 (3): 625-642, 799-800.

[47] FAROLE T, DEBORAH W. "Policy implications" in making foreign direct investment work for Sub-Saharan Africa: local spillovers and competitiveness in global value chains [M]. Washington D. C.: World Bank, 2014: 79-263.

[48] FOWLER F J. Survey research methods [M]. Newbury Park: Sage Publi-

cations Inc., 2002.

[49] FU T, ZHANG Y. Simulation of technological innovation network diffusion in focal firm cored industrial clusters [J]. International Journal of Modeling, Identification and Control, 2012, 15 (4): 310-319.

[50] FUNK R J. Making the most of where you are: geography, networks, and innovation in organizations [J]. Academy of Management Journal, 2014, 57 (1): 193-222.

[51] GARRIGA H, VON KROGH G, SPAETH S. How constraints and knowledge impact open innovation [J]. Strategic Management Journal, 2013, 34 (9): 1134-1144.

[52] GEMUNDEN H G, RETTER T, HEYDEBRECK P. Network configuration and innovation success: an empirical analysis in German high-tech industries [J]. International Journal of Research in Marketing, 1996, 13 (5): 449-462.

[53] GIBSON C B, BIRKINSHAW J. The antecedents, consequences and mediating role of organizational ambidexterity [J]. Academy of Management Journal, 2004, 47 (1): 209-226.

[54] GILBERT C G. Unbundling the structure of Inertia: resource versus routine rigidity [J]. Academy of Management Journal, 2005, 48 (5): 741-763.

[55] GILSING V A, NOOTEBOOM B. Density and strength of ties in innovation networks: an analysis of multimedia and biotechnology [J]. European Management Review, 2005, 2 (3): 179-197.

[56] GILSING V A, DUYSTERS G M. Understanding novelty creation in exploration networks-structural and relational embeddedness jointly considered [J]. Technovation, 2008, 28 (10): 693-708.

[57] GOULD S J. The panda's thumb: more reflections in nature history [M]. WW Norton & Company, 1980.

[58] GRANOVETTER M. The strength of weak ties [J]. American Journal of Sociology [J]. 1973, 78 (6): 1360-1380.

[59] GRANOVETTER M. Getting a job: a study of contacts and careers [M]. Cambridge: Harvard University Press, 1974.

[60] GRANOVETTER M. Economic action and social structure: the problem of embeddedness [J]. The American Journal of Sociology, 1985 (3): 481-510.

[61] GRANOVETTER M. Economic institutions as social constructions: a frame-

work for analysis [J]. Acta Sociological (Taylor & Francis Ltd), 1992, 1: 3-11.

[62] GULATI R. Alliances and networks [J]. Strategic Management Journal, 1998, 19 (4): 293-317.

[63] GULATI R, SYTCH M. Dependence asymmetry and joint dependence in interorganizational relationships: effects of embeddedness on a manufacture's performance in procurement relationship [J]. Administrative Science Quarterly, 2007, 52 (1): 32-69.

[64] GUPTA A K, SMITH K G, SHALLEY C E. The interplay between exploration and exploitations [J]. Academy of Management Journal, 2006, 49 (4): 693-706.

[65] HAAS M R, HANSE M T. When using knowledge can hurt performance: the value of organizational capabilities in a management consulting company [J]. Strategic Management Journal, 2005, 26 (1): 1-24.

[66] HAGEDOORN J, DUYSTERS G. Learning in dynamic inter-firm networks: the efficacy of multiple contacts [J]. Organization Studies, 2002 (4): 525-548.

[67] HAGEDOORN J, ROIJAKKERS N, KRANENBURG H. Inter-firm R&D networks: the importance of strategic network capabilities for high-tech partnership formation [J]. British Journal of Management, 2006 (1): 39-53.

[68] HAKANSSON H, SNEHOTA I. The burden of relationships or who's next//Naud'e P, Tumbull P W. Network dynamics in International marketing [M]. Pergamon: Oxford, 1998: 16-25.

[69] HE Z L, WANG P K. Exploration vs. exploitation: an empirical test of the ambidexterity hypothesis [J]. Organization Science, 2004, 15 (4): 481-494.

[70] HENDRY C, BROWN J. Dynamics of clustering and performance in the UK opto-electronics industry [J]. Regional Studies, 2006, 40 (7): 707-725.

[71] HERVAS-OLIVER J L, ALBORS-GARRIGOS J L. Local knowledge domains and the role of MNE affiliates in bridging and complementing a cluster's knowledge [J]. Entrepreneurship & Regional Development, 2008, 20 (6): 581-598.

[72] HESS M. "Spatial" relationships? Towards a reconceptualization of embeddedness [J]. Progress in Human Geography, 2004, 28 (2): 165-186.

[73] HITE J M. Patterns of multidimensionality among embedded network ties: a typology of relational embeddedness in emerging entrepreneurial firms [J]. Strategic

Organization, 2003, 1 (1): 9-49.

[74] HITT M A, BIERMAN L, SHIMIZU K, KOCHHAR R. Direct and moderating effects of human capital in professional on strategy and performance service firms: a resource-based perspective [J]. The Academy of Management Journal, 2001, 44 (1): 13-28.

[75] HOGAN J, BARRETT P, HAGAN R. Personality measurement, faking and employment selection [J]. Journal of Applied Psychology, 2007, 92 (5): 1270-1285.

[76] HUANG J, LENG M, PARLAR M. Demand functions in decision modeling: a comprehensive survey and research directions [J]. Decision Sciences, 2013, 44 (3): 557-609.

[77] JANSEN J J P, VAN DEN BOSCH F A J, VOLBERDA H W. Managing potential and realized absorptive capacity: how do organizational antecedents matter? [J]. Academy of Management Journal, 2005, 57 (4): 351-363.

[78] JANSEN J J P, VAN DEN BOSCH F A J, VOLBERDA H W. Exploratory innovation, exploitative innovation, and performance: effects of organizational antecedents and environment moderators [J]. Management Science, 2006, 52 (11): 1661-1674.

[79] JANSEN J J P, TEMPELAAR M P, VAN DEN BOSCH F A J, VOLBERDA H W. Structural differentiation and ambidexterity: the mediating role of integration mechanisms [J]. Organization Science, 2009, 20 (4): 797-811.

[80] JAVIER T T, ANTONIA R M, FCO JAVIER L M. The influence of manufacturing flexibility on the interplay between exploration and exploitation: the effects of organization learning and environment [J]. International Journal of Production Research, 2011, 49 (20): 6175-6189.

[81] JESSOP B. Regulationist and antopoieticist reflections on Polanyi's account of market economics and the market society [J]. New Political Economy, 2001, 6 (2): 213-232.

[82] KAFOUROS M I, FORSANS N. The role of open innovation in emerging economics: do companies profit from the scientific knowledge of others? [J]. Journal of World Buisniss, 2012, 47 (3): 362-370.

[83] KEEBLE D, LAWSON C, MOORE B. Collective learning processes, networking and 'institutional thickness' in the Cambridge region [J]. Regional Studies,

1999, 33 (4): 319-332.

[84] KOGUT B, ZANDER U. Knowledge of the firm, combinative capabilities, and the replication of technology [J]. Organization Science, 1992, 3: 383-397.

[85] KORUNA S. Leveraging knowledge assets: combinative capabilities-theory and practice [J]. Research and Development Management, 2004, 34 (5): 505-516.

[86] KRAATZ M S. Learning by association? Inter-organizational networks and adaptation to environmental change [J]. Academy of Management Journal, 1998, 6: 621-643.

[87] LANE P J, LUBATKIN, M. Relative absorptive capacity and interorganizational learning [J]. Strategic Management Journal, 1998, 19 (5): 461.

[88] LANE P J, KOKA B R, PATHAK S. The reification of absorptive capacity: a critical review and rejuvenation of the construct [J]. Academy of Management Review, 2006, 31 (4): 833-863.

[89] LAUSEN K, SALTER A. Open for innovation: the role of openness in explaining innovation performance among UK manufacturing firms [J]. Strategic Management Journal, 2006, 27 (2): 131-150.

[90] LAVIE D, ROSENKOPF L. Balancing exploration and exploitation in alliance formation [J]. Academy of Management Journal, 2006, 49 (4): 797-818.

[91] LAZERSON M H, LORENZONI G. The firms that feed industrial districts: a return to the Italian source [J]. Industrial & Corporate Change, 1999, 8 (2): 235.

[92] LEE J K, JAE Y M. What makes internet users visit cyber stores again? Key design factors for customer loyalty [C]. Proceedings of the CHI2000 Conference on Human Factors in Computing Systems, 2000: 305-312.

[93] LEIPONE A, DREJER I. What exactly are technological regions? Intra-industry heterogeneity in the organization of innovation activities [J]. Research Policy, 2007, 36 (8): 1221-1238.

[94] LEONARD-BARTON D. Core capabilities and core rigidities: a paradox in managing new product development [J]. Strategic Management Journal, 1992, 13: 111-125.

[95] LEVINTHAL D A, MARCH J G. The myopia of learning [J]. Strategic Management Journal, 1993, 14 (S2): 95-112.

[96] LI Z, ZHANG H, ZHANG M Y. The interplay of exploratory vs. exploitative innovation and firm growth performance in China [J]. Academy of Management Annual Meeting Proceedings, 2017 (1): 12386.

[97] LIAO J J, KICKUL J R, MA H. Organizational dynamic capability and innovation: an empirical examination of internet firms [J]. Journal of Small Business Management, 2009, 47 (3): 263-286.

[98] LISSONI F. Knowledge codification and the geography of innovation: the case of Brescia mechanical cluster [J]. Research Policy, 2001, 30 (9): 1479-1500.

[99] LUMPKIN G T, DESS G G. Linking two dimensions of entrepreneurial orientation to firm performance: the moderating role of environment and industry life cycle [J]. Journal of Business Venturing, 2001, 16 (5): 429-451.

[100] MARCH J G. Exploration and exploitation in organizational learning [J]. Organization Science, 1991, 2 (1): 71-87.

[101] MARINA, BELL M. The local global integration of MNC subsidiaries and their technological behavior: Argentina in the late 1990s [J]. Research Policy, 2010, 39 (7): 919-931.

[102] MATUSIK S, HILL C. The utilization of contingent work, knowledge creation and competitive advantage [J]. Academy of Management Review, 1998, 23 (4): 680-698.

[103] MCEVILY B, ZAHEER A. Bridging ties: a source of firm heterogeneity in competitive capabilities [J]. Strategy Management Journal, 1999 (12): 1133-1156.

[104] MCEVILY B, MARCUS A. Embedded ties and the acquisition of competitive capabilities [J]. Strategic Management Journal, 2005 (11): 1033-1055.

[105] MCKENDRIC D, DONER R, HAGGARD S. From silicon valley to Singapore: location and competitive advantage in the hard disk drive industry [M]. Thousand Oaks: Stanford University Press, 2000.

[106] MILLER D, FRIESEN P H. Strategy-making and environment: the third link [J]. Strategic Management Journal, 1983 (3): 221-235.

[107] MILLER D, CHEN M J. Sources and consequences of competitive inertia: a study of the U. S. Airline industry [J]. Administrative Science Quarterly, 1994 (1): 1-23.

[108] MONTOYA-WEISS M, CALANTONE R. Determinants of new product performance: a review and meta-analysis [J]. Journal of Product Innovation Management, 1994, 11 (5): 397-417.

[109] MUDAMBI R, SWIFT T. Proactive R&D management and firm growth: a punctuated equilibrium mode [J]. Research Policy, 2011, 40 (3): 429-440.

[110] NAMARA P M, BADEN-FULLER C. Shareholder returns and the exploration-exploitation dilemma: R&D announcements by biotechnology firms [J]. Research Policy, 2007, 36 (4): 548-565.

[111] NELSON R E. The strength of strong ties: social networks and intergroup conflict in organizations [J]. Academy of Management Journal, 1989, 2: 377-401.

[112] OZER M, ZHANG W. The effects of geographic and network ties on exploitative and exploratory product innovation [J]. Strategic Management Journal, 2015, 36 (7): 1105-1114.

[113] PENNER-HAHN J, SHAVER J M. Does international research and development increase patent output? An analysis of Japanese pharmaceutical firms [J]. Strategic Management Journal, 2005, 26 (2): 121-140.

[114] PENROSE E T. The theory of growth of the firm [M]. New York: Wiley, 1959.

[115] PETERAF M A. The cornerstones of competitive advantage: a resources-based view [J]. Strategic Management Journal, 1993, 14: 179-191.

[116] PHELPS C C. A longitudinal study of the influence of alliance network structure and composition on firm exploratory innovation [J]. The Academy of Management Journal, 2010, 53 (4): 89-913.

[117] PODSAKOFF P M, ORGAN D W. Accounting for organizational decision [J]. Journal of Marketing, 1986, 8: 123-124.

[118] PORTER M E. Clusters and the new economics of competition [J]. Harvard Business Review, 1998, 76 (6): 77-90.

[119] POTTER D. Rare mettle: Gold and silver strategies to succeed in hostile markets [J]. California Management Review, 1994, 37 (1): 65-82.

[120] PRAHALAD C K, GARY H. The core competence of the corporation [J]. Harvard Business Review, 1990, 81.

[121] RAISCHS, BIRKINSHAW J. Organizational ambidexterity: antecedents, outcomes and moderators [J]. Journal of Management, 2008 (34): 375-409.

[122] RAPPERT B, WEBSTER A, CHARLES D. Making sense of diversity and reluctance: academic-industrial relations and intellectual property [J]. Research Policy, 1999 (28): 873-890.

[123] RIVKIN J W, SIGGELKOW N. Balancing search and stability: interdependencies among elements of organizational design [J]. Management Science, 2003, 49 (3): 290-311.

[124] ROSENKOPF L, NERKAR A. Beyond local search: boundary-spanning, exploration, and impact in the optical disc industry [J]. Strategic Management Journal, 2001, 22 (4): 287.

[125] ROSENKOPF L, ALMEIDA O. Overcoming local search through alliances and mobility [J]. Management Science, 2003, 49 (6): 751-766.

[126] ROTHAERMEL F T, HESS A M. Building dynamic capabilities: innovation driven by individual-, firm-, and network-level effects [J]. Organization Science, 2007, 18 (6): 898-921.

[127] ROWLEY T, BEHRENS D, KRACKHARDT D. Redundant governance structures: analysis of structural and relational embeddedness in the steel and semiconductor industries [J]. Strategic Management Journal, 2000, 1: 369-386.

[128] SANCHEZ R. Strategic flexibility in product competition [J]. Strategic Management Journal, 1995, 16: 135-160.

[129] SARKEES M, HULLAND J, CHATTERJEE R. Investments in exploitation and exploitation capabilities: balance versus focus [J]. Journal of Marketing Theory and Practice, 2014, 22 (1): 7-23.

[130] SAXENIAN A. Lessons from silicon valley [J]. Technology Review, 1994, 97 (5): 42.

[131] SCHILLING M A, PHELPS C C. Interfirm collaboration networks: the impact of large-scale network structure on firm innovation [J]. Management Science, 2007, 53 (7): 1113-1126.

[132] SHAFIQUE M. Thinking inside the box? Intellectual structure of the knowledge base of innovation research (1988—2008) [J]. Strategic Management Journal, 2013, 34 (1): 62-93.

[133] SIGGELKOW N, LEVINTHAL D A. Temporarily divide to conquer: centralized, decentralized, and reintegrated organizational approaches to exploration and adaptation [J]. Organization Science, 2003, 14 (6): 650-669.

[134] SIMSEK Z. Organizational ambidexterity: towards a multilevel understanding [J]. Journal of Management Studies, 2009, 46 (4): 597-624.

[135] SIRMON D G, HITT M A, IRELAND R D. Managing firm resource in dynamic environment to create value: locking inside the black box [J]. The Academy of Management Review, 2007, 32 (1).

[136] SLEVIN D P, COVIN J G. Strategy formation patterns, performance, and the significance of context [J]. Journal of Management, 1997, 23 (2): 189-209.

[137] SMITH W K, TUSHMAN M L. Managing strategic contradictions: a top management model for managing innovation streams [J]. Organization Science, 2005, 16 (4): 522-536.

[138] SRIVASTAVA M K, GNYAWALI D R. When do relational resource matter? Leveraging portfolio technological resources for breakthrough innovation [J]. Academy of Management Journal, 2011, 54 (4): 797-810.

[139] STUART T E. Network position and propensities to collaborate: an investigation of strategic alliance formation in a high-technology industry [J]. Administrative Science Quarterly, 1998, 43 (4): 668-698.

[140] SUBRAMANIAM M, YOUNDT M A. The influence of intellectual capital on the types of innovative capabilities [J]. Academy of Management Journal, 2005, 48 (3): 450-463.

[141] TEECE D J, PISANO D, SHUEN A M Y. Dynamic capabilities and strategic management [J]. Strategic Management Journal, 1997, 18 (7): 509-533.

[142] TEECE D J. Strategies for managing knowledge assets: the role of firm structure and industrial context [J]. Long Range Planning, 2000, 33 (1): 35-54.

[143] TEECE D J. Explicating dynamic capabilities: the nature and microfoundations of (sustainable) enterprise performance [J]. Strategic Management Journal, 2007 (13): 1319-1350.

[144] TIWANA A. Do bridging ties complement strong ties? An empirical examination of alliance ambidexterity [J]. Strategic Management Journal, 2008, 29 (3): 251-272.

[145] TSANG E W K. Acquiring knowledge by foreign partners from international joint ventures in a transition economy: learning-by-doing and learning myopia [J]. Strategic Management Journal, 2002, 23 (9): 835-854.

[146] TUSHMAN M L, ANDERSON P. Technological discontinuities and organizational environments [J]. Administrative Science Quarterly, 1986, 31 (3): 439-465.

[147] TUSHMAN M L, O'REILLY C A. Ambidextrous organizations: managing evolutionary and revolutionary change [J]. California Management Review, 1996, 38 (4): 8-30.

[148] UOTILA J, MAULA M, KEIL T. Exploration, exploitation, and financial performance: analysis of S&P 500 corporations [J]. Strategic Management Journal, 2009, 30 (2): 221-231.

[149] UZZI B. The source and consequences of embeddedness for the economic performance of organizations: the network effect [J]. American Sociological Review, 1996 (4): 674-698.

[150] UZZI B. Social structure and competition in interfirm networks: the paradox of embeddedness [J]. Administrative Science Quarterly, 1997, 42 (1): 35-67.

[151] UZZI J, GILLESPIE J. Knowledge spillover in corporate financing networks: embeddedness and the firm's debt performance [J]. Strategic Management Journal, 2002, 23 (7): 595-618.

[152] UZZI B, LANCASTER R. Relational embeddedness and learning: the case of bank loan managers and their clients [J]. Management Science, 2003, 49 (4): 383-399.

[153] VAN DEN BOSCH F A J, VOLBERDA H W, BOER M. Coevolution of firm absorptive capacity and knowledge environment: organizational forms and combinative capabilities [J]. Organization Science, 1999, 4: 551-568.

[154] VISSER, ATZEMA. Beyond clusters, fostering innovation through a differentiated and combined network approach [M]. Evolutionary Economic Geography, 2007.

[155] VOLBERDA H W, BADEN-FULLER C, VAN DEN BOSCH F A J. Mastering strategic renewal: mobilising renewal journeys in multi-unit firms [J]. Long Range Planning, 2001, 34 (2): 159-178.

[156] WERNERFELT B. A resource-based view of the firm [J]. Strategic Management Journal, 1984 (5): 171-180.

[157] WHITTINGTON K B, OWEN-SMITH J, POWELL W W. Networks, propinquity, and innovation in knowledge-intensive industries [J]. Administrative

Science Quarterly, 2009, 54 (1): 90-122.

[158] WINTER S G. Understanding dynamic capabilities [J]. Strategic Management Journal, 2003 (10): 991-995.

[159] WU L Y. Resources, dynamic capabilities and performance in a dynamic environment: perceptions in Taiwanese IT enterprise [J]. Information & Management, 2006 (4): 447-454.

[160] YIN R. Case study research: Design and methods [M]. Beverly Hills: Sage Publishing, 1994.

[161] ZAHEER A, MCEVILY B, PERRONE V. Does trust matter? Exploring the effects of interorganizational and interpersonal trust on performance [J]. Organization Science, 1998, 9 (2): 141-159.

[162] ZAHEER A, CASTANER X, SOUDER D. Synergy sources, target autonomy, and integration in acquisitions [J]. Journal of Management, 2013, 39 (3): 604-632.

[163] ZAHRA S A, BOGNER W C. Technology strategy and software new ventures' performance: exploring the moderating effect of the competitive environment [J]. Journal of Business Venturing, 2000, 15 (2): 135-173.

[164] ZAHRA S A. Technology strategy and new venture performance: a study of corporate-sponsored and independent biotechnology ventures [J]. Journal of business venturing, 1996 (11): 289-321.

[165] ZAHRA S A, IRELAND R D, HITT M A. International expansion by new venture firms: international diversity, mode of market entry, technological learning and performance [J]. Academy of Management Journal, 2000, 43 (5): 925-950.

[166] ZAHRA S A, GEORGE G. Absorptive capacity: a review, reconceptualization, and extension [J]. Academy of Management Review, 2002, 27 (2): 185-203.

[167] ZAHRA S A, SAPIENZA H J. Entrepreneurship and dynamic capabilities: a review, model and research agenda [J]. Journal of Management Studies, 2006, 43 (4): 917-955.

[168] ZHOU K Z, WU F. Technological capability, strategic flexibility, and product innovation [J]. Strategic Management Journal, 2010 (5): 547-561.

[169] ZOLLO M, WINTER S. Deliberate learning and the evolution of dynamic

capabilities [J]. Organization Science, 2002 (13): 339-351.

[170] ZUKIN S, DI MAGGIO P. Structures of capital, the social organization of the economy [M]. Cambridge: Cambridge University Press, 1990.

[171] 白景坤, 丁军霞. 网络能力与双元创新的关系：环境动态性的调节作用 [J]. 科学学与科学技术管理, 2016, 37 (8): 138-148.

[172] 蔡莉, 柳青. 新创企业资源整合过程模型 [J]. 科学学与科学技术管理, 2007 (2): 95-102.

[173] 蔡双立. 关系资本、要素整合与中小企业网络化成长 [J]. 改革, 2013 (7): 111-119.

[174] 陈丽哲. 并购情境中上向信任的前因及对人力资源整合的影响研究：基于社会身份理论 [D]. 杭州：浙江大学, 2018.

[175] 陈红涛. 企业家精神、动态能力与组织绩效关系研究 [D]. 杭州：浙江理工大学, 2013.

[176] 陈卫东. 资源整合能力是企业核心竞争力 [J]. 中国石油石化, 2007 (21): 73.

[177] 陈学光. 网络能力、创新网络及创新绩效关系研究：以浙江高新技术企业为例 [D]. 杭州：浙江大学, 2007.

[178] 陈玉麟. 外部创新多元性、吸收能力与创新产出：以台湾 2000 年到 2004 年上市公司为例 [J]. 台大管理论丛, 2011, 22 (12): 199-238.

[179] 成思危. 认真开展案例研究，促进管理科学及管理教育发展 [J]. 管理科学学报, 2001, 4 (5): 1-6.

[180] 崔启国. 基于网络视角的创业环境对新创企业绩效的影响研究 [D]. 长春：吉林大学, 2007.

[181] 崔新有. 企业的资源整合能力和企业的运行能力 [J]. 天津商业大学学报, 2004, 24 (6): 22-24.

[182] 戴维奇, 林巧, 魏江. 集群内外网络嵌入与公司创业：基于浙江省四个产业集群的实证研究 [J]. 科学学研究, 2011, 29 (4): 571-581 .

[183] 党兴华. 技术异质性及技术强度对突变创新的影响研究：基于资源整合能力的调节作用 [J]. 科学学研究, 2013, 1 (13): 132-140.

[184] 董保宝, 葛宝山, 王侃. 资源整合过程、动态能力与竞争优势：机理与路径 [J]. 管理世界, 2011 (3): 92-101.

[185] 董保宝. 网络结构与竞争优势关系研究：基于动态能力中介效应的视角 [J]. 管理学报, 2012 (1): 50-56.

[186] 杜建华，田晓明，蒋勤峰. 基于动态能力的企业社会资本与创业绩效关系研究 [J]. 中国软科学，2009 (2)：115-126.

[187] 郭海，王栋，刘衡. 基于权变视角的管理者社会关系对企业绩效的影响研究 [J]. 管理学报，2013，10 (3)：360-367.

[188] 范志刚. 基于企业网络的战略柔性与企业创新绩效提升机制研究 [D]. 杭州：浙江大学，2010.

[189] 冯军政. 环境动荡性、动态能力对企业不连续创新的影响作用研究 [D]. 杭州：浙江大学，2012.

[190] 奉小斌. 集群新创企业平行搜索对产品创新绩效的影响：管理者解释与竞争强度的联合调节效应 [J]. 研究与发展管理，2016，28 (4)：11-21.

[191] 高银淮. 企业二元创新平衡策略的内部外影响因素及绩效结果的研究 [D]. 合肥：中国科学技术大学，2017.

[192] 黄建新，李孟珂. 股权质押、过度自信与企业创新 [J]. 软科学，2020 (3)：43-48.

[193] 黄林，朱芳阳. 基于交互作用视角下的集群企业双重网络、网络能力与集群企业升级研究 [J]. 经济体制改革，2018 (4)：108-115.

[194] 洪茹燕. 集群企业创新网络、创新搜索及创新绩效关系研究 [D]. 杭州：浙江大学，2012.

[195] 姜劲，孙延明. 社会资本，组织学习与企业升级的关系研究 [J]. 管理学报，2012，9 (8)：1162-1169.

[196] 焦豪，魏江，崔瑜. 企业动态能力构建路径分析：基于创业向导和组织学习的视角 [J]. 管理世界，2008 (4)：91-106 .

[197] 景秀艳. 网络权利及其影响下的企业空间行为研究 [D]. 上海：华东师范大学，2007.

[198] 康健. 集群企业双重关系嵌入、动态能力及创新绩效关系研究 [D]. 杭州：浙江工商大学，2015.

[199] 李刚. 产品关系与产品竞争研究 [J]. 中国工业经济，2004 (2)：107-112.

[200] 李怀祖. 管理研究方法论 [M]. 西安：西安交通大学出版社，2004.

[201] 李杰义，闫静波. 双重网络嵌入性对双元学习的均衡影响机制研究 [J]. 软科学，2019，33 (1)：72-75.

[202] 李振东. 跨层视角下创新方式的平衡机制及其产品的市场策略研究

[D]. 天津：天津大学，2018.

[203] 林筠，何捷，刘伟. 知识转移视角下企业组织资本对技术创新的影响分析 [J]. 科技管理研究，2009，29（3）：23-25.

[204] 林筠，高霞，张敏. 利用性与探索性创新对知识型企业创新绩效的双元驱动 [J]. 软科学，2016，30（5）：59-63 .

[205] 凌鸿，赵付春，邓少军. 双元性理论和概念的批判性回顾与外来研究展望 [J]. 外国经济与管理. 2010，32（1）：25-33.

[206] 刘凤朝，默佳鑫，马荣康. 高管团队海外背景对企业创新绩效的影响研究 [J]. 管理评论，2017，29（7）：135-147.

[207] 刘军. 社会网络分析导论 [M]. 北京：社会科学文献出版社，2004.

[208] 刘仕国，吴海英，马涛. 利用全球价值链促进产业升级 [J]. 国际经济评论，2015（1）：64-84.

[209] 刘霞，夏曾玉，张亚男. 不确定环境下本地与跨区域网络对集群企业创新影响研究 [J]. 科研管理. 2019，40（6）：184-194.

[210] 刘雪峰. 网络嵌入性与差异化战略及企业绩效关系研究 [D]. 杭州：浙江大学，2007.

[211] 刘学元，丁雯婧，赵先德. 企业创新网络中关系强度、吸收能力与创新绩效的关系研究 [J]. 南开管理评论，2016，19（1）：30-42.

[212] 刘洋. 科技资源整合对企业创新绩效影响机制实证研究 [J]. 科学管理研究，2016，34（6）：85-88.

[213] 刘蕴. 社会网络关系嵌入过度与企业资源获取：双中介模型 [J]. 企业经济，2018（4）：36-41.

[214] 刘志国，崔健. 企业科技创新与隐性知识共享 [J]. 现代情报，2005（11）：178-182.

[215] 马鸿佳，葛宝山，汤浩瀚. 科技型创业企业资源获取与动态能力关系的实证研究 [J]. 科学学与科学技术管理，2008（11）：139-143.

[216] 马鸿佳，董保宝，葛宝山. 资源整合过程、能力与企业绩效关系研究 [J]. 吉林大学社会科学学报，2011，51（4）：71-78.

[217] 马庆国. 应用统计学：数理统计方法、数据获取与 SPSS 应用 [M]. 北京：科学出版社，2006.

[218] 彭伟，朱晴雯，符正平. 双重网络嵌入均衡对海归创业企业绩效的影响 [J]. 科学学研究，2017，35（9）：1359-1369.

[219] 彭新敏. 企业网络对技术创新绩效的作用机制研究：利用性—探索性学习的中介效应 [D]. 杭州：浙江大学，2009.

[220] 彭学兵，王乐，刘玥伶. 创业网络、效果推理型创业资源整合与新创企业绩效关系研究 [J]. 科学学与科学技术管理，2017，38 (6)：159-172.

[221] 饶扬德. 企业资源整合过程与能力分析 [J]. 工业技术经济，2006，25 (9)：72-74.

[222] 任胜钢，吴娟，王龙伟. 网络嵌入与企业创新绩效研究：网络能力的调节效应检验 [J]. 研究与发展管理，2011，23 (3)：16-24.

[223] 芮正云，罗瑾琏. 企业平衡式创新搜寻及其阶段效应：间断性平衡还是同时性平衡？[J]. 科研管理，2018，39 (1)：9-17 .

[224] 宋晶，陈菊红，孙永磊. 双元战略导向对合作创新的影响研究：网络嵌入性的调节作用 [J]. 科学学与科学技术管理，2014 (6)：102-109.

[225] 王凤彬，陈建勋，杨阳. 探索式与利用式技术创新及其平衡的效应分析 [J]. 管理世界，2012 (3)：96-112.

[226] 王核成，裘懿，帅杏霞. 双重关系嵌入对集群企业技术创新的影响：搜索策略的中介效应 [J]. 科技进步与对策，2016，33 (24)：88-93.

[227] 王凯，吴勇，朱卫东. 开放式创新模式下企业创新资源整合能力的形成机理 [J]. 科技管理研究，2018，38 (1)：25-29.

[228] 王雷，池巧珍. 本地网络联系和全球网络联系与集群企业创新绩效的关系：吸收能力的中介作用 [J]. 技术经济，2014，33 (8)：1-9.

[229] 温忠麟，张雷，侯杰泰，刘红云. 中介效应检验程序及其应用 [J]. 心理学报，2004，36 (5)：614-620.

[230] 魏江. 产业集群：创新系统与技术学习 [M]. 北京：科学出版社，2003：1-32.

[231] 魏江，徐蕾. 集群企业知识网络双重嵌入演进路径研究：以正泰集团为例 [J]. 经济地理，2011，31 (2)：247-253.

[232] 魏江，徐蕾. 知识网络双重嵌入、知识整合与集群企业创新能力 [J]. 管理科学学报，2014，17 (2)：34-47.

[233] 文嫮，曾刚. 嵌入全球价值链的地方产业集群发展：地方建筑陶瓷产业集群研究 [J]. 中国工业经济，2004 (6)：36-42.

[234] 邬爱其，集群企业网络化成长机制研究：对浙江三个产业集群的实证研究 [D]. 杭州：浙江大学，2004.

[235] 邬爱其，超集群学习与集群企业转型成长：基于浙江卡森的案例

研究［J］. 管理世界，2009（8）：141-146.

［236］吴航. 企业国际化、动态能力与创新绩效关系研究［D］. 杭州：浙江大学，2013.

［237］吴航，陈劲. 国际搜索与本地搜索的抉择：企业外部知识搜索双元的创新效应研究［J］. 科学学与科学技术管理，2016，37（9）：102-113.

［238］吴明隆. SPSS 统计应用实务：问卷分析与应用统计［M］. 北京：科学出版社，2003.

［239］吴晓冰. 集群企业创新网络特征、知识获取及创新绩效关系研究［D］. 杭州：浙江大学，2009.

［240］许冠南. 关系嵌入性对技术创新绩效的影响研究：基于探索性学习的中介机制［D］. 浙江大学，2008.

［241］徐海燕，李靖华. 知识转移、动态能力与新服务开发绩效的关系［J］. 科技管理研究，2014（9）：116-121.

［242］杨博旭，王玉荣，李兴光. “厚此薄彼”还是“雨露均沾”：组织如何有效利用网络嵌入资源提高创新绩效［J］. 南开管理评论，2019，22（3）：201-213.

［243］杨学儒，李新春，梁强，李胜文. 平衡开发式创新和探索式创新一定有利于提升企业绩效吗？［J］. 管理工程学报，2011，25（4）：17-25.

［244］应洪斌. 产业集群中关系嵌入性对企业创新绩效的影响机制研究：基于关系内容的视角［D］. 杭州：浙江大学，2011.

［245］袁健红，龚天宇. 企业知识搜寻前因和结果研究现状探析与整合框架构建［J］. 外国经济与管理，2011，33（6）：27-33.

［246］徐蕾. 知识网络双重嵌入对集群企业创新能力提升的机理研究［D］. 杭州：浙江大学，2012.

［247］徐磊，向永胜. 多重网络嵌入对集群企业创新能力的作用［J］. 经济地理，2012，32（4）：108-112.

［248］曾浩然. 发展外向型企业 逐步创办我国的跨国公司［J］. 机械管理开发，1994（3）：1-3.

［249］曾萍，蓝海林. 组织学习、知识创新与动态能力：机制和路径［J］. 中国软科学，2009（5）：135-146.

［250］张冬丽. 超地方网络视角下主体邻近性对集群企业外部知识获取影响研究［D］. 天津：河北工业大学，2015.

［251］张公一，孙晓欧. 科技资源整合对企业创新绩效影响机制实证研究

［J］. 中国软科学，2013（5）：92-99.

［252］张婧，段艳玲. 市场导向均衡对制造型企业产品创新绩效影响的实证研究［J］. 管理世界，2010（12）：119-130.

［253］张恒俊，杨皎平. 双重网络嵌入、学习空间与集群企业技术创新的实证研究［J］. 研究与发展管理. 2015，27（1）：51-60.

［254］张军，许庆瑞. 知识积累、创新能力与企业成长关系研究［J］. 科学学与科学技术管理，2014，35（8）：86-95.

［255］张军，许庆瑞，张素平. 动态环境中企业知识管理与创新能力关系研究［J］. 科研管理，2014（4）：59-67.

［256］章威. 基于知识的企业动态能力研究：嵌入性前因及创新绩效结果［D］. 杭州：浙江大学，2009.

［257］周浩，龙立荣. 共同方法偏差的统计检验与控制方法［J］. 心理科学进展，2004，12（6）：942-950.

［258］周浩军. 搜索优势与转移问题：弱联系、结构洞和网络多样性对创新的曲线效应［D］. 杭州：浙江大学，2011.

［259］周泯非，魏江. 产业集群创新能力的概念、要素与构建研究［J］. 外国经济与管理，2009（9）：9-17.

［260］邹双，成力为. 风险投资进入对企业创新绩效的影响［J］. 科学学与科学技术管理，2017（2）：68-76.

［261］朱平芳. 现代计量经济学［M］. 上海：上海财经大学出版社，2004.

附　录

企业访谈提纲

一、企业基本情况

1. 贵公司成立于何时？目前员工人数多少？

2. 贵公司的主营业务是什么？自公司成立以来新产品开发的情况如何？2016—2018 年三年新产品开发情况如何？

3. 请介绍贵公司的发展历程，包括主要发展阶段、每个发展阶段的主要发展战略以及有代表性的关键事件。

二、企业与外部的联系

1. 请列举贵公司自成立以来有联系的本土合作主体和海外合作主体（例如供应商、用户、同行企业、高校科研院所、咨询服务企业）。

2. 请列举贵公司在 2016—2018 年三年中有联系的本土合作主体和海外合作主体（例如供应商、用户、同行企业、高校科研院所、咨询服务企业）。

3. 请介绍贵公司与这些本土和海外合作主体的合作方式（例如共同开发新产品、联合培养人才、合资建厂、配套生产、战略联盟等）。

4. 请问贵公司与这些本土和海外合作主体的交往频率以及合作时间长短。

5. 对贵公司而言，与本土和海外这些合作主体建立联系后，为贵公司新产品开发带来了哪些收获？在这个过程中，有没有印象深刻的事情？请举例说明。

三、企业的经营管理能力

1. 贵公司是否能快速发现新的行业机会，是否能快速察觉客户偏好和需求的变化，是否能快速发现本行业技术的重大变化？请举例说明。

2. 贵公司是否能快速获得有利于自身发展的外部信息和资源？请举例说明。

3. 贵公司是否能快速掌握所获得的各种信息和资源，并将这些信息和资源在企业内部进行有效的传播和共享，是否能将这些新知识和新技术有效地应用到新产品开发过程中？请举例说明。

4. 贵公司是否能有效地将外部获取的资源和现有资源进行整合重组，尽可能地发挥资源的用处？请举例说明。

四、企业外部环境

1. 贵公司主营业务所处行业的技术变革和更新速度是否很快？

2. 客户是否不断对贵公司的产品和服务提出新的要求，客户对贵公司产品和服务的需求是否很难掌握？

3. 贵公司所面临的竞争者是否都非常强大，贵公司所在市场的价格竞争是否非常激烈？

调查问卷

尊敬的女士/先生：

您好！本问卷旨在了解外向型企业与本土和海外企业、研究机构、咨询公司等的合作交往情况以及企业经营状况，恳请您在百忙之中帮助填写这份问卷。您内心想法的真实表达将是对本书的莫大帮助。问卷调查完全采用匿名的方式进行，您的答案将会受到严格的保密，仅做学术研究之用。如果您对本书的结论感兴趣，请在调查问卷结尾处注明，并留下联系方式。届时我们会将研究成果及时反馈给您，供贵公司参考。非常感谢您的支持与合作，谢谢！

请根据您的真实感受和想法，独立、客观地进行以下题项的填选。

第一部分：企业基本信息

您个人的基本情况（在番号上打“√”）：

1. 您已经在本企业工作了__年。

2. 您目前所在部门：①管理部门；②生产部门；③技术部分；④其他。

3. 您目前的职务：①企业主；②高层管理人员；③中层管理人员。

您所在企业的基本情况（在番号上打“√”）：

1. 企业的规模人数：①300 人及以下；②301～1 000 人；③1 000 人以上。

2. 企业存续时间：①5 年以下；②5～7 年；③8～12 年；④12 年以上。

3. 企业所属行业：①IT 智能；②装备；③生物医药；④交通运输设备；⑤电气机械及器材；⑥新材料；⑦服装纺织；⑧家具、陶瓷；⑨皮具。

第二部分：企业自成立以来的经营状况

请根据您对您所在企业自成立以来实际情况的真实感受和想法，独立、客观地填写如下问卷。对于下面表格中所列的各项叙述，如果你“完全同意”，请选 5；“基本同意”，请选 4；“不确定”，请选 3；“不太同意”，请选 2；“完全不同意”，请选 1。并在分数上打“√”。

企业自成立以来与合作伙伴间的关系					
1. 本企业与本土网络中的企业、机构和客户相互信任	1	2	3	4	5
2. 本企业与本土网络中的企业、机构和客户交流沟通频繁	1	2	3	4	5
3. 本企业与本土网络中的企业、机构和客户合作频繁	1	2	3	4	5
4. 本企业与本土网络中的企业、机构和客户保持了长期合作关系	1	2	3	4	5
5. 本企业与海外网络中的企业、机构和客户相互信任	1	2	3	4	5
6. 本企业与海外网络中的企业、机构和客户交流沟通频繁	1	2	3	4	5
7. 本企业与海外网络中的企业、机构和客户合作频繁	1	2	3	4	5
8. 本企业与海外网络中的企业、机构和客户保持了长期合作关系	1	2	3	4	5
企业自成立以来的运行情况					
1. 本企业能够识别并获取财务资源	1	2	3	4	5
2. 本企业能够识别并获取实物资源	1	2	3	4	5
3. 本企业能够识别并获取人力资源	1	2	3	4	5
4. 本企业能够识别并获取智力资源	1	2	3	4	5
5. 本企业能够识别并货物组织资源	1	2	3	4	5
6. 本企业能够识别网络价值并获取关键资源	1	2	3	4	5
7. 本企业能够了解竞争对手的情况并获取必要的信息和知识	1	2	3	4	5

表(续)

企业自成立以来与合作伙伴间的关系					
8. 本企业能够剥离无用的资源	1	2	3	4	5
9. 本企业能够在各部分之间配置利用潜在的知识和技能	1	2	3	4	5
10. 本企业能够根据既定目标绑定并利用各类资源	1	2	3	4	5
11. 本企业能够根据各类资源的特点绑定并利用这些资源	1	2	3	4	5
12. 本企业能够利用个人资源禀赋来撬动其他的资源为企业服务	1	2	3	4	5
13. 本企业能够利用组织资源禀赋来撬动其他的资源为企业服务	1	2	3	4	5
企业自成立以来的创新情况					
1. 与同行相比，本企业推出新产品的速度更快	1	2	3	4	5
2. 与同行相比，本企业推出新产品的数量更多	1	2	3	4	5
3. 与同行相比，本企业的投入产出效率更高	1	2	3	4	5
4. 与同行相比，本企业的工艺流程更先进	1	2	3	4	5

第三部分：企业 2016—2018 年三年的经营状况

请根据您对您所在企业 2016—2018 年三年实际情况的真实感受和想法，独立、客观地填写如下问卷。对于下面表格中所列的各项叙述，如果你“完全同意”，请选 5；“基本同意”，请选 4；“不确定”，请选 3；“不太同意”，请选 2；“完全不同意”，请选 1。并在分数上打“√”。

企业在 2016—2018 年三年中与合作伙伴间的关系					
1. 本企业与本土网络中的企业、机构和客户相互信任	1	2	3	4	5
2. 本企业与本土网络中的企业、机构和客户交流沟通频繁	1	2	3	4	5
3. 本企业与本土网络中的企业、机构和客户合作频繁	1	2	3	4	5
4. 本企业与本土网络中的企业、机构和客户保持了长期合作关系	1	2	3	4	5
5. 本企业与海外网络中的企业、机构和客户相互信任	1	2	3	4	5
6. 本企业与海外网络中的企业、机构和客户交流沟通频繁	1	2	3	4	5
7. 本企业与海外网络中的企业、机构和客户合作频繁	1	2	3	4	5

表(续)

企业在 2016—2018 年三年中与合作伙伴间的关系					
8. 本企业与海外网络中的企业、机构和客户保持了长期合作关系	1	2	3	4	5
企业在 2016—2018 年三年中的创新情况					
1. 与同行相比，本企业推出新产品的速度更快	1	2	3	4	5
2. 与同行相比，本企业推出新产品的数量更多	1	2	3	4	5
3. 与同行相比，本企业的投入产出效率更高	1	2	3	4	5
4. 与同行相比，本企业的工艺流程更先进	1	2	3	4	5
企业在 2016—2018 年三年中的外部市场状况					
1. 本企业所在行业经常会展开价格战	1	2	3	4	5
2. 本企业所在行业的竞争对手数量很多	1	2	3	4	5
3. 本企业所在行业竞争强度很高，产品很容易被模仿	1	2	3	4	5
4. 本企业所在行业边际利润较低	1	2	3	4	5